Richard Cwiertnia
@richard.cwie

OMA, WAS KOCHST DU DA?

Richard Cwiertnia
@richard.cwie

OMA, WAS KOCHST DU DA?

Von Borschtsch bis Pierogi – traditionelle Familienrezepte aus Osteuropa

riva

INHALT

SALATE ✿ 41

HAUPTSPEISEN ✿ ✿ ✿ ✿ ✿ ✿ ✿ ✿ ✿ ✿ ✿ ✿ ✿ ✿ ✿ ✿ ✿ ✿ ✿ 59

TEIGTASCHEN 95

BEILAGEN 119

SÜßSPEISEN ❊ ❊ ❊ ❊ 131

WIE ALLES BEGANN: ZU GAST BEI OMA AMALIA

Der Tisch biegt sich unter der Last der vielen Gerichte. »Klein kochen« kann Oma einfach nicht. Die ganze Familie hat sich an diesem Sonntag um 13 Uhr um die lange Tafel versammelt, nachdem Oma Amalia eine kurze Nachricht in den Familienchat geschickt hatte: »Ich habe gekocht. Kommt.« Und für alle, die der Einladung nicht zügig nachkommen, folgen gleich noch ein paar verlockende Fotos der herrlichen Speisen, die Oma zubereitet hat.

Kati (meine Frau) und ich hatten im Sommer eine Woche mit Oma verbracht und jeden Tag geholfen, für die Familie Mittagessen zu kochen, denn Kati war verliebt in das Essen und wollte wissen, wie es zubereitet wird. Bei diesen Kochrunden stellte Kati schnell fest, dass all diese leckeren Gerichte nirgendwo aufgeschrieben waren und nur aus dem Kopf und mit Gefühl gekocht wurden. Ein paar der Rezepte drehte ich als Video ab und (Ich nutzte hier meine Begeisterung fürs Filmen) veröffentlichte diese auf Social Media, wo sie unglaublich gut ankamen.

Ganz besonders schön waren für mich vor allem die Nachrichten, in denen uns Menschen dankten, da sie nun endlich das Rezept wiedergefunden hatten, das ihre eigene Oma in ihrer Kindheit für sie zubereitet hatte, sie aber leider vielleicht nicht mehr die Chance hatten, danach zu fragen.

Genau hieraus entstand die Idee, all diese Rezepte aus unserer Familie zu Papier bringen und ein Kochbuch zu kreieren. Meine Oma kann aber bis heute nicht glauben, dass ihre »läpsche« Schmandsuppe und so gewöhnliche Pfannkuchen den Grundstein dafür gelegt haben.

WERTVOLLE HELFER IN DER KÜCHE

So gelingen unsere Rezepte leichter:

- Das Herz und die Seele einer jeden Küche ist eine hochwertige Ausstattung. Sie muss nicht teuer, aber gut gepflegt und qualitativ hochwertig sein. Gute Töpfe und Pfannen, scharfe Klingen – darauf kommt es an! Es lohnt sich, sich hier etwas auf die Suche zu machen. Wer billig kauft, kauft oft doppelt. Auf ausgefallene Geräte wie Küchenmaschinen oder anderen kostspieligen Schnickschnack kann verzichtet werden. Was du wirklich brauchst, sind:

  - Töpfe – große und sehr große,
  - Pfannen – beschichtet, klein, groß und am besten auch mit Deckel,
  - hochwertige, scharfe Messer,
  - Schneidebretter,
  - und eine Reibe.

Diese Grundausstattung bildet das Fundament für Omas kulinarische Meisterwerke und lässt dich in der Küche zaubern.

Omas Reibe ist (gefühlt) antik, tut aber ihre Dienste – auch wenn sie sicher irgendwann auseinanderfallen wird, eine bessere ist nicht zu finden, denn Opa hat ihr extra die Löcher etwas weiter aufgebogen.

- Zeit: Nimm dir Zeit zum Kochen. Nimm es locker, wenn auch manchmal etwas schiefgeht. Das »Oma-Gefühl« wie viel Salz, Pfeffer, Butter etc. an ein Gericht kommt, muss sich erst entwickeln. Lass dich auf den Prozess des Entdeckens und Verstehens beim Kochen ein, lerne zu spüren, warum ein bestimmtes Gericht auf eine gewisse Art gekocht wird.

- Probieren und abschmecken: Die Gerichte sind genau so, wie meine Familie sie am liebsten mag. Das kann bei dir ganz anders sein. Nimm einen Löffel und probier, was du kochst – taste dich langsam an deinen Lieblingsgeschmack ran. Wenn du ein bestimmtes Gewürz liebst, gib es dazu. Wenn du Dill hasst, lass ihn weg. Kein Rezept ist in Stein gemeißelt. Das macht dieses Buch zu etwas ganz Besonderem. Schreib gerne rein, nutze Notizen. Lass es zu deinem werden.

- Vorsicht ist besser als Nachsicht: Würze immer vorsichtig, schmecke ab, würze notfalls nach. Keiner mag lasches Essen, aber lieber ohne Pep als ruiniert. Hast du doch mal zu viel Salz genommen, hilft etwas Zucker, der das Salz ein wenig neutralisieren kann. Aber auch hier langsam an die richtige Menge rantasten – nicht gleich einen ganze Löffel Zucker reinschütten. Wenn aber etwas angebrannt ist, dann muss es weg. Hilft nix.
- Zutaten: Frische, hochwertige Zutaten – darauf baut das gesamte Rezept auf. Saftige, reife Tomaten oder erstklassiges Fleisch verwandeln jedes Gericht in ein Erlebnis. Gutes Essen beginnt mit der Wahl der besten Zutaten, denn mit ihnen schmeckt alles einfach viel, viel besser. Oma weiß genau, wo sie das beste Fleisch oder das beste Gemüse herbekommt – und es ist oft nicht an derselben Adresse.
- Und mein wichtigster Tipp: Eine gute Schürze verändert einfach alles. Das ist ein ganz anderes Kochgefühl. Ich fühle mich gleich wie ein richtiger Koch, und schon geht alles leichter von der Hand.

Sieht aus wie gekauft, ist aber selbst genäht: Omas Schürze – ohne die wird nicht gekocht.

KOCHEN FÜR VIELE

So gelingen unsere Rezepte leichter:

Damit dir das Kochen für viele so leicht von der Hand geht wie Oma, möchte ich ihre wunderbaren Tipps mit dir teilen:

- Lege erst mal fest, was du kochen möchtest, und prüfe, ob du dir Arbeit ersparen kannst, indem du Gerichte zubereitest, die voneinander profitieren. Beispielsweise kannst du teilweise Haupt- und Nachspeise aus dem gleichen Teig herstellen.
- Lies die Rezepte im Vorfeld aufmerksam durch und plane die benötigte Zeit ein. Überlege dabei, ob du, während das Kraut dämpft, den Teig zubereiten kannst. Wie lange du für etwas brauchst, hängt natürlich auch etwas von deiner Erfahrung ab – nicht jeder schneidet gleich schnell.
- Große Töpfe, Schüsseln und Pfannen, in denen alle Zutaten bequem Platz finden, sind unerlässlich.
- Familienmitglieder, die beim Schnippeln, Kneten und Rühren helfen, erleichtern das Kochleben ungemein.
- Beginne rechtzeitig! Bei vielen Gästen und mehreren Gerichten solltest du sicher drei bis vier Stunden einplanen.
- Und zu guter Letzt gilt wie immer: »Übung macht den Meister.«

WÄRMENDE SUPPEN

BORSCHTSCH

Ukrainische Krautsuppe

Borschtsch ist wohl das berühmteste osteuropäische Bauerngericht. Oma Amalia kocht es gerne auf Vorrat, damit immer was im Kühlschrank ist.

Für 4–6 Personen

500 g Rindfleisch am Knochen (am besten aus der Rippe)
5 Möhren
2 Zwiebeln
¼ Sellerieknolle
1 Rote Bete
20 g Butter
4 EL Öl
400 g stückige Tomaten (aus der Dose)
3 EL Ketchup
2 EL süße Chilisoße
2 EL Tomatenmark
7 mittelgroße festkochende Kartoffeln
¼ Weißkohl
200 g hausgemachtes Sauerkraut (siehe Seite 120)
1 gestr. EL Salz
Pfeffer
2 Stiele Dill

1. Das Fleisch vom Knochen lösen, in mundgerechte Stücke schneiden und in einen großen Topf mit leicht erwärmtem Wasser legen. Den Knochen ebenfalls hinzugeben und allmählich zum Kochen bringen. Etwa 40 Minuten kochen.
2. In der Zwischenzeit das Gemüse schälen und nach Bedarf waschen. Zwischendurch immer wieder in den Topf schauen, ob sich im Wasser Schaum bildet. Diesen Schaum mit einem Schaumlöffel abschöpfen und entsorgen.
3. Nun die Möhren, die Rote Bete und den Sellerie grob raspeln. Dabei für die Rote Bete am besten Einmalhandschuhe tragen, da sie abfärben. Die Zwiebeln in kleine Würfel schneiden und in einer Pfanne mit Butter und Öl andünsten. Wenn sie glasig sind, das geraspelte Gemüse ebenfalls in die Pfanne geben und etwa 5 Minuten mitbraten. Wenn das Gemüse gar ist, die stückigen Tomaten und je nach Geschmack Ketchup, süße Chilisoße und Tomatenmark hinzugeben.
4. In der Zwischenzeit die Kartoffeln waschen, schälen und in Würfel schneiden. Die äußeren Blätter des Kohls entfernen und den Strunk wegschneiden. Den Strunk des Kohls entfernen und den Kohl in feine Streifen schneiden. Die Kartoffeln mit dem Salz und dem Sauerkraut am Ende der Kochzeit in das kochende Wasser zum Fleisch geben und nochmals 5 bis 10 Minuten kochen. Wenn die Kartoffeln gar sind, das Pfannengemüse hinzugeben. Nach Belieben mit Pfeffer und Dill würzen.

OMAS TIPP

Wenn du die Rote Bete weglässt, hast du ein tolles Rezept für russische Krautsuppe.

RUSSISCHE RIVELSUPP

Omas Schmandsuppe

Das war das erste Rezept, das ich mit Oma zusammen für Instagram gekocht habe und das richtig viral gegangen ist. Heute noch schicken uns Leute, die das Rezept nachgekocht haben, Nachrichten – wir hätten NIE gedacht, dass ausgerechnet dieses Rezept so gut ankommt.

Für 6 Personen

Für die Teigklößchen
300–400 g Mehl

Für die Suppe
1 große Zwiebel
6 mittelgroße Kartoffeln
Salz und Pfeffer
1 Bund Dill
1 Bund Schnittlauch
400 g Schmand (oder Crème fraîche)
500 ml Buttermilch
3 TL Dill-Salatgewürzmischung
2 TL Rohrzucker

1. Für die Teigklößchen 300 ml lauwarmes Wasser nach und nach zum Mehl geben und kneten, bis ein glatter Teig entsteht. Abgedeckt ruhen lassen, bis das Wasser für die Suppe kocht.
2. In einem großen Topf 4 l Wasser zum Kochen bringen. Die Zwiebel schälen und im Ganzen in das Wasser geben. Die Kartoffeln waschen, schälen, der Länge nach halbieren und in dicke Scheiben schneiden. Ebenfalls in das kochende Wasser geben.
3. Nach und nach den Teig für die Klößchen mit der Hand in die Suppe zupfen. Die Kartoffeln und die Teigstücke in der Suppe mit Salz und Pfeffer nach Belieben würzen und 20 bis 25 Minuten kochen lassen.
4. In der Zwischenzeit Dill und Schnittlauch waschen, trocken schütteln und fein hacken. Den Schmand, die Buttermilch und den Schnittlauch in einer Schüssel mischen und mit der Kräutermischung abschmecken.
5. Wenn die Teigklößchen und die Kartoffeln gar sind, die Hitze reduzieren und die Schmand-Buttermilch-Mischung in den Topf gießen. Danach die restlichen Kräuter sowie 1 TL Zucker einrühren. Je nach Geschmack nochmals mit Salz, Pfeffer und Zucker nachwürzen. Vor dem Servieren die Zwiebel aus der Suppe nehmen.

HINGLSUPP

Hühnersuppe

Die »Hinglsupp« (der Name wurde übrigens von den Russlanddeutschen geprägt) ist eine richtige »Erholungssuppe«. Es gibt nichts Besseres, wenn man krank ist!

Für 6 Personen

150 g Möhren
1 mittelgroße Zwiebel
½ Hähnchen (oder
500 g Hähnchenflügel)
400 g Kartoffeln
100 g Fadennudeln
2–3 Stängel Dill
Salz und Pfeffer

1. Die Möhren schälen und in 2 bis 3 cm große Stücke schneiden. Die Zwiebel schälen. 3 bis 4 l Wasser in einem großen Topf aufkochen. Die Möhren, die ganze Zwiebel sowie das Hähnchen hineingeben. 30 Minuten kochen lassen.
2. In der Zwischenzeit die Kartoffeln schälen und ebenfalls in 2 bis 3 cm große Stücke schneiden. Nach den 30 Minuten ebenfalls in das kochende Wasser geben und etwa 25 Minuten gar kochen.
3. Im Anschluss die Nudeln in die Suppe geben und 2 bis 3 Minuten mitkochen. Wenn die Nudeln gar sind, den Topf vom Herd nehmen. Den Dill waschen, trocken schütteln, fein schneiden und hinzufügen. Mit Salz und Pfeffer nach Belieben würzen und vor dem Servieren 5 Minuten ziehen lassen.

SCHNITZSUPPE

Suppe mit Trockenfrüchten

Eine eher süße Suppe, die Oma gerne an Feiertagen – zu Weihnachten und Neujahr – serviert. Wir essen sie auch mit Schlagsahne oder Markklößchen (ja, wirklich!) verfeinert. Sie schmeckt auch als Dessert nach einem schönen Sonntagsbraten wunderbar – mit Krebbel dazu sogar noch besser.

Für 4–6 Personen

je 100 g getrocknete Pflaumen, Aprikosen, Äpfel, Rosinen, Birnen, Cranberrys (oder andere getrocknete Früchte)
1 TL Zucker
1 Pck. Vanillezucker

1. Die getrockneten Pflaumen, Aprikosen, Äpfel sowie Birnen in etwa gleich große Stücke schneiden.
2. Das getrocknete Obst mit 2 bis 3 l Wasser in einen großen Topf geben und 30 Minuten kochen. Den Zucker und den Vanillezucker hinzufügen und weitere 5 Minuten kochen lassen.

OMAS TIPP
Diese süße Suppe passt gut zu Krebbel und Blinschiki!

SOLJANKA

Eine echte Restesuppe: Wir nehmen an Wurst und Gemüse, was noch im Kühlschrank ist. Je mehr man davon kocht und je länger sie steht, desto besser wird sie. Mein Papa hat diese Suppe einmal für uns gekocht und sie war so lecker, dass sie sogar unsere Hochzeitssuppe wurde!

Für 6–8 Personen

1 kg Kassler
200 g Jagdwurst
3 Zwiebeln
100 g Kirschtomaten
540 g Gewürzgurken
neutrales Öl zum Braten
2 EL Paprikapulver edelsüß
½ TL Pfeffer
½ TL Salz
2 Gläser Letscho (à 680 g)
200 g Kirschtomaten aus der Dose
Crème fraîche oder Schmand zum Servieren

1. Das Kassler sowie die Jagdwurst in kleine Stücke schneiden. Die Zwiebeln schälen und in kleine Würfel schneiden. Die frischen Kirschtomaten vierteln und die Gewürzgurken ebenfalls würfeln.
2. Das Kassler mit etwas Öl in einem Topf kurz anbraten. Die Jagdwurst dazugeben und ebenfalls mitbraten, bis beides leicht gebräunt ist. Das Paprikapulver hinzugeben, mit Salz und Pfeffer abschmecken. Die Zwiebeln hinzufügen. Wenn die Zwiebeln glasig sind, die frischen Tomaten und die Gewürzgurken in den Topf geben und 1 bis 2 Minuten mitbraten.
3. Rasch mit dem Letscho und den Kirschtomaten aus der Dose ablöschen. Noch 1 Tasse Wasser und 2 bis 3 EL Gurkenwasser in den Topf geben. Etwa 30 Minuten mit Deckel kochen, bis das Kassler weich ist. Immer mal wieder schauen, ob noch genug Flüssigkeit im Topf ist, und umrühren. Sollte es merklich weniger Flüssigkeit werden, dann gerne noch Wasser hinzufügen. Es sollte schön cremig werden. Wenn das Fleisch weich genug ist, ist es auch schon fertig. Auf Teller verteilen und mit einem Klecks Crème fraîche oder Schmand servieren.

OMAS TIPP

Wenn die Soljanka nicht dickflüssig genug ist oder es an Geschmack fehlt, mit ein wenig Ketchup nachwürzen. Richtig gut tut die Suppe vor allem im Winter – am besten serviert mit Brot und Schmand.

OKROSCHKA

Kalte russische Suppe

Ein russisches Bauernessen, das ein richtig schön erfrischendes Gericht für heiße Sommertage ist – wie ein Salat zum Trinken. Und eine wunderbare, ganz besondere Beilage zum Grillen – da werden deine Gäste Augen machen.

Für 4–6 Personen

400 g Kartoffeln
6 Eier
2 Salatgurken
1 Bund Radieschen
150 g Lyoner oder Geflügelwurst
1 l Buttermilch
200 g Crème fraîche
500 ml Mineralwasser
3 Stängel Dill
1–2 geh. EL Dill-Salatgewürzmischung
Salz und Pfeffer

1. Die Kartoffeln waschen und in reichlich kochendem Salzwasser in 25 Minuten bissfest kochen. Die Eier in 8 Minuten hart kochen, abgießen, abschrecken und abkühlen lassen.
2. In der Zwischenzeit die Gurken waschen und nach Belieben schälen. Die Radieschen waschen und putzen. Beides zusammen mit der Wurst in mundgerechte Stückchen schneiden.
3. Die Kartoffeln abgießen und ausdampfen lassen, dann pellen und in mundgerechte Stücke schneiden. Die Eier schälen und ebenso in Stücke schneiden (alle Stücke sollten ähnlich groß sein).
4. Für das Dressing die Buttermilch mit der Crème fraîche vermengen. Das Mineralwasser dazugeben. Den Dill waschen, trocken schütteln und fein schneiden. Die Gewürzmischung und den Dill zur Buttermilchmischung geben und gut verrühren. Alle Zutaten in eine große Schüssel geben, das Dressing daraufgeben, alles gut unterheben und mit Salz und Pfeffer nach Bedarf würzen.

RASSOLNIK

Diese Suppe mit Perlgraupen und sauren Gurken gab es oft in osteuropäischen Kantinen: Das Arbeiteressen lässt sich leicht für viele Personen kochen und macht satt.

Für 6 Personen

500 g Fleisch am Knochen (vom Schwein oder Rind)
80 g Perlgraupen
400 g Kartoffeln
Öl zum Braten
200 g Zwiebeln
150 g Möhren
40 g Tomatenmark
3 EL Ketchup
180 g Gewürzgurken
Schmand zum Servieren (nach Belieben)

1. Das Fleisch mit den Perlgraupen etwa 1 Stunde in 3 l Wasser kochen. Die Kartoffeln waschen, schälen, in Stücke schneiden und ebenfalls in das kochende Wasser geben. 20 bis 30 weitere Minuten kochen lassen.
2. In der Zwischenzeit das Öl in der Pfanne erhitzen. Die Zwiebeln schälen, fein würfeln und in der Pfanne andünsten. Die Möhren waschen, putzen, mit einer Reibe grob zu den Zwiebeln in die Pfanne reiben und mit andünsten. Mit Tomatenmark und Ketchup ablöschen.
3. Das Ganze kurz in der Pfanne köcheln lassen. Die Gewürzgurken grob mit der Reibe in die Pfanne reiben und etwa 2 Minuten mit köcheln lassen. Im Anschluss das Pfannengemüse in den Topf zu den Perlgraupen, den Kartoffeln und dem Fleisch geben und umrühren. Nach Belieben mit Schmand servieren.

OMAS TIPP

Beim Servieren wird das Fleisch am Knochen auf einen extra Teller gelegt und die Suppe in einzelnen Schüsseln serviert. Das Fleisch wird dann nachträglich verteilt.

PIECZARKOWA

Oma Irenes Pilzsuppe

Diese besondere Suppe gab es bei meiner oberschlesischen Oma Irene traditionell zu Weihnachten. Ein echtes Geheimrezept, das es nur in unserer Familie gibt, weil Irene es erfunden hat.

Für 6 Personen

50–60 g Zwiebel (etwa 1 Zwiebel)
120–150 g Butter
je 50–60 g Möhren, Knollensellerie, Lauch und Staudensellerie
je 50–60 g Pastinaken und Petersilienwurzel (nach Belieben)
2 Lorbeerblätter
500 g Pilze
Saft von ½ Zitrone
Salz und Pfeffer
Zucker
Kräutercroûtons zum Anrichten
Sahne zum Anrichten

1. Für die Gemüsebrühe die Zwiebel schälen und fein schneiden. Das restliche Gemüse waschen, putzen, nach Bedarf schälen und grob würfeln. In einem großen Topf 50 g Butter schmelzen und die Zwiebeln darin glasig dünsten. Das restliche Gemüse dazugeben und kurz mitdünsten. 1 ½ l Wasser und die Lorbeerblätter dazugeben, den Deckel auflegen und etwa 20 Minuten köcheln lassen. Durch ein Sieb abgießen, die klare Brühe auffangen und beiseitestellen. Das Gemüse entsorgen.

2. Die Pilze nach Bedarf mit einem Küchentuch trocken abreiben und sehr fein hacken. Die restliche Butter in einem Topf zerlassen und die Pilze darin etwa 10 Minuten anschwitzen. Die beiseitegestellte Gemüsebrühe zu den Pilzen geben. Aufkochen und bei geringer Hitze 10 bis 15 Minuten köcheln lassen. Mit Zitronensaft, Salz, Pfeffer und etwas Zucker abschmecken. Mit Croûtons und etwas Sahne anrichten.

BARSZCZ CZERWONY

Polnische Rote-Bete-Suppe

Für mich ist das die leckerste Brühe auf der Welt! Die Suppe war das Hochzeitsessen von meinen Eltern und unser »Flitterwochenessen« – in einem kleinen Café in Polen haben wir sie gegessen … einfach so lecker.

Für 4 Personen

500 g Rote Bete
2 l Gemüse- oder Rinderbrühe
2 Knoblauchzehen
10 schwarze Pfefferkörner
1 EL Essig
20 g getrocknete Pilze
etwas Zucker
Salz und Pfeffer
frischer Majoran zum Dekorieren

1. Die Rote Bete schälen und grob würfeln. Dazu am besten mit Küchenhandschuhen arbeiten. Die Brühe in einem großen Topf aufkochen. Die Rote Bete hinzugeben und kurz aufkochen lassen.
2. Den Knoblauch schälen und zerdrücken. Zusammen mit den Pfefferkörnern und dem Essig in den Topf geben. Die Pilze grob zerkleinern und ebenfalls in die Suppe geben. Auf kleiner Hitze 1 Stunde köcheln lassen.
3. Die Brühe durch ein Sieb gießen, um die groben Bestandteile herauszufiltern, und in einer Servierschüssel auffangen. Die klare Brühe mit Zucker, Salz und Pfeffer abschmecken und nach Bedarf noch etwas Essig hinzugeben. Eine gute polnische Rote-Bete-Suppe hat einen recht pfefferigen Geschmack. Den Majoran waschen, trocken schütteln, fein hacken und zum Servieren über die Suppe streuen.

OMAS TIPP

Als Suppeneinlage kann man Käsepiroggen und Schmand verwenden. Auch ein Spritzer Zitrone passt wunderbar hinein.

UCHA

Fischsuppe

Ein Gericht von und für draußen: Es wurde gleich am Ufer von den Fischern auf dem offenen Feuer gekocht – natürlich mit dem frischen Fang. Für die Küche haben wir es ein wenig abgewandelt. Es eignet sich auch gut, um die Fischreste, die man sonst wegschmeißen würde, zu verwerten.

Für 4–5 Personen

2 mittelgroße Zwiebeln
2 Frühlingszwiebeln
1 ganzer Zander
20 g Butter zum Braten
2 Lorbeerblätter
2 Pimentkörner
1 große Möhre
500 g Kartoffeln
300 g Lachsfilet
½ TL Salz
1 Prise Pfeffer
½ Bund Dill
½ Bund Petersilie

1. Die Zwiebeln schälen und halbieren. Die Frühlingszwiebeln waschen, putzen und in Ringe schneiden. Die grünen Ringe zum Garnieren beiseitestellen. Den Fisch säubern, entschuppen, ausnehmen und so teilen, dass er in den Topf passt.
2. In einem großen Topf die Butter schmelzen und die Zwiebelhälften sowie die Frühlingszwiebeln darin anbraten, bis die Frühlingszwiebeln glasig sind. 1 ½ l Wasser in den Topf geben. Die Lorbeerblätter und den Piment dazugeben. Das Wasser salzen und den Fisch samt Kopf und Knochen hinzufügen. Das Ganze aufkochen. Falls sich Schaum bildet, diesen mit einem Schaumlöffel abschöpfen.
3. Den Fisch herausnehmen und von der Haut und den Gräten befreien. Der Kopf, der Schwanz und das Grätengerüst kommen zurück in den Suppentopf. Die Temperatur reduzieren und die Brühe weitere 30 bis 35 Minuten siedend kochen. Die entstandene Fischbrühe durch ein Sieb in einen sauberen Topf gießen, sodass sie frei von jeglichen Suppeneinlagen ist.
4. Die Möhre und die Kartoffeln waschen, schälen und in mundgerechte Stücke schneiden. In die Brühe geben und in etwa 20 Minuten gar kochen. In der Zwischenzeit den Zander und das Lachsfilet ebenfalls in mundgerechte Stücke schneiden. Den Fisch etwa 10 Minuten in der Suppe ziehen lassen.
5. Dill und Petersilie waschen, trocken schütteln und fein hacken und mit der Frühlingszwiebel über die Suppe streuen.

OMAS TIPP

Die Brühe selbst hat man früher aus Fischen, die noch übrig waren, bzw. Fischresten gekocht. Deswegen nehme ich auch jetzt Fischköpfe und Knochen. Man kann diese durch eine fertige Fischbrühe ersetzen. Je mehr Fischarten man für die Einlage verwendet, desto besser und interessanter wird das Gericht.

MILCHSUPPE

Ursprünglich war die Suppe in Osteuropa ein Krankenessen, das es oft in Krankenhäusern zum Frühstück gab. Auch zu Hause ein super Gericht zum Gesundwerden, das Kindern besonders gut schmeckt.

Für 2 Personen

1 l Milch
100 g Fadennudeln
3 Prisen Salz (etwa ⅓ TL)
1 TL Zucker
1 Pck. Vanillezucker
10 g Butter

1. Die Milch in einem Topf aufkochen und die Nudeln hineingeben. Das Salz, den Zucker und den Vanillezucker hinzugeben und die Nudeln 2 bis 3 Minuten al dente kochen.
2. Zuletzt die Butter in der Suppe schmelzen lassen und ein letztes Mal umrühren. Dazu schmeckt Brot oder Krebbel (siehe Seite 136).

WIE OMA ZUM KOCHEN KAM

Alles, was Oma heute mit links so lecker kochen kann, hat sie sich mühsam selbst beigebracht. Am Anfang ihrer Ehe waren Oma und Opa noch sehr jung und Oma konnte eigentlich gar nicht kochen. Doch früher war das einfach so, dass die Frau nach der Hochzeit für das leibliche Wohl des Mannes und der Familie verantwortlich war. Also hieß es, rein ins kalte Wasser. Ein bisschen was konnte Oma selbst und alles andere hat sie bei Nachbarinnen und Verwandten, wo sie eingeladen war, abgeschaut oder nach Tipps gefragt. Ausprobiert, abgeschmeckt, sich rangetastet. Auch wenn der Strudel nicht aufging, das Fleisch viel zu trocken war oder die Suppe eher wässrig schmeckte, gemeckert hat Opa nie. Doch tief im Herzen hegte Oma den Wunsch, dass Opa eines Tages von der Arbeit heimkehren, den Deckel des Topfes öffnen und sagen würde: »Ah, das duftet aber köstlich!« Erst viele Jahre später würde sie durch Zufall erfahren, dass ihr Mann seinen Geruchssinn durch die Arbeit als Schweißer verloren hatte und das also gar nicht möglich war. Wie gut, dass sie jetzt Kinder und Enkel hat, die ihre Näschen voller Vorfreude in die Töpfe stecken.

Zur ihrer Hochzeit selbst gab es passenderweise auch Kochgeschirr, bei dem ein Suppen-Schöpflöffel aus Edelstahl dabei war. Dieser ist bis heute, über 50 Jahre später, immer noch in ihrem Besitz und wird für ganz besondere Anlässe herausgeholt, um das Essen zu verteilen.

Am Tag nach ihrer Hochzeit, erinnert sich Oma zurück, waren noch Gäste da. Es waren ihre Eltern und die Geschwister. Oma, jetzt eine verheiratete Frau, musste schauen, dass für alle ein Essen auf den Tisch kam. Oma kochte, wie damals üblich, eine Suppe. Zugegebenermaßen war sie nicht sonderlich gelungen und hatte auch nicht viele Zutaten. Es gab jedoch nichts anderes, also haben alle brav gegessen. Als sie nach dem Essen aber in die Runde fragte, ob denn noch jemand einen Tee haben wollte, brachte ihr Vater alle Gäste und auch Oma selbst zum Lachen mit dem Kommentar, dass er nach so einer Suppe wohl keinen Tee mehr brauchen würde.

Oma und Opa

Zu Beginn hatten Oma und Opa nicht die größte Auswahl an Zutaten: Möhren, Zwiebeln, Salz und Pfeffer. Ab und zu bekamen sie auch Rote Bete oder Äpfel aus dem Garten der Nachbarn. In den ersten Monaten ihrer Ehe versuchte Oma deshalb viele Gerichte stets ohne Fleisch. Zum einen, da es kein Fleisch im Haus gab, und zum anderen, weil sie auch gar nicht wusste, wie man es kocht. Etwa drei bis vier Monate nach ihrer Hochzeit kam Opa eines Tages nach Hause und stellte verlegen die eine Frage: »Du, Schatz, im Laden um die Ecke haben sie Fleisch angeliefert. Meinst du, wir könnten uns etwas davon kaufen und kochen?« Ob das Fleisch damals besonders gut geschmeckt hat, daran erinnert sich heute niemand mehr, doch von jenem Tag an begann Oma, auch Fleisch in ihre Gerichte einzubeziehen. Sie lacht herzhaft, wenn sie an ihre Anfänge zurückdenkt: »Ich habe das Fleisch damals immer viel zu lange gekocht«, sagt sie. An das Fleisch vom ersten eigenen Rind, das sie selbst aufgezogen hat, erinnert sie sich hingegen noch genau. Der Duft, der dabei durch das Haus zog, sei einfach himmlisch gewesen. Oma und Opa zogen nämlich nach einer Weile in die Wolga-Region, in der Omas Eltern lebten, und hier wurden das Leben und das Kochen etwas besser und vielfältiger. Dort besaßen sie einen großen Garten und es war ihnen möglich, selbst Tiere zu halten. Sie probierten so einiges aus: Kühe, ein paar Schweine, Hühner, Enten, Gänse und vieles mehr … Hier bewies besonders Oma ein gutes Händchen für die Tiere, während Opa seine Bestimmung bei den Pflanzen, Bäumen und im Garten fand. Man half sich gegenseitig, doch wurden die Arbeiten geschickt aufgeteilt. Die zwei bis drei Kühe, die sie dann im Laufe der Zeit hatten, lieferten reichlich Milch, aus der die Familie Milchprodukte herstellte.

Opa mit seinem Akkordeon

Mit der Zeit wurden Omas Gerichte vielfältiger und auch abwechslungsreicher. Aus allem, was der Garten hergab, entstanden immer schmackhaftere Gerichte, die sowohl die Familie als auch die Freunde genossen. Oma und Opa schufen sich ein kleines Paradies, in dem ihre Mühen geschätzt wurden und wo die Früchte ihrer Arbeit sie täglich erfreuten.

BEI
OMA
SCHMECKT'S
am besten!

SALATE

OLIVJE

Der Festtagssalat

Keine Feier ohne Olivje – ein echtes Must-have. Bei den meisten Familien kommt noch Fleischwurst in den Salat, bei uns nicht. Oma findet, Fleisch kann man auch anders essen. Recht hat sie!

Für 4 Personen

300 g Kartoffeln
200 g Möhren
6 Eier (Größe M)
150 g Erbsen (frisch oder TK, aufgetaut)
150 g Gewürzgurken
100 g Mayonnaise
100 g Schmand
1 TL Salz
2 Prisen Pfeffer

1. Die Kartoffeln und die Möhren waschen und in reichlich kochendem Salzwasser getrennt voneinander bissfest kochen. Bei den Kartoffeln dauert dies etwa 20 bis 30 Minuten und bei den Möhren etwa 10 bis 15 Minuten. Immer mal wieder mit einer Gabel oder einem langen Holzspieß die Garprobe machen. Rutscht die Kartoffel oder Möhre leicht von der Gabel, ist sie fertig.
2. In der Zwischenzeit die Eier in etwa 8 Minuten hart kochen. Die Erbsen 2 Minuten in kochendem Salzwasser blanchieren und in ein Sieb abgießen. Während alles kocht, die Gewürzgurken in erbsengroße Würfel schneiden. Nun die gekochten Zutaten abgießen und abkühlen lassen. Die Eier schälen. Die Kartoffeln ebenfalls pellen. Kartoffeln, Möhren und Eier ebenfalls erbsengroß schneiden.
3. In einer großen Schüssel alle vorbereiteten Zutaten miteinander vermengen. Zuletzt die Mayonnaise und den Schmand unterrühren und alles mit Salz und Pfeffer würzen.

Refrain
GMBH · BERLIN

SCHUBA

Fischsalat

Je salziger der Fisch, desto besser der Salat. Denn die Mayonnaise und der Fisch tragen den Geschmack. Wenn man den Fisch pur fast nicht essen kann, weil er so intensiv und salzig schmeckt, ist er perfekt für den Salat. Sogar Kati, die echt kritisch war, ist überrascht, wie lecker es schmeckt. Ein gutes Silvesteressen.

Für 6 Personen

300 g Kartoffeln
300 g Möhren
300 g Rote Bete
4 Eier (Größe M)
300 g salziges Heringsfilet
300 g Zwiebeln
300 ml Mayonnaise

Außerdem
Servierplatte
Tortenring

1. Die Kartoffeln, die Möhren sowie die Rote Bete einzeln im Ganzen in reichlich Salzwasser bissfest kochen. Das dauert bei den Kartoffeln etwa 25 Minuten, bei den Möhren 10 bis 15 Minuten, bei der Roten Bete etwa 30 bis 40 Minuten. Am besten mit einer Gabel testen, ob sie weich gekocht sind.
2. Abgießen, auskühlen lassen und schälen. Die Eier in etwa 8 Minuten hart kochen, kalt abschrecken und schälen. Das Heringsfilet in kleine, feine Stücke (etwa 1 cm groß) schneiden und als erste Schicht flach auf eine Servierplatte legen. Man kann hier mit einem Tortenring arbeiten.
3. Die Zwiebeln schälen und erbsengroß würfeln, dann über das Heringsfilet streuen. Die Kartoffeln mit einer Reibe grob über die zwei vorhandenen Schichten reiben und dünn mit Mayonnaise bestreichen. Als nächste Schicht die Möhren grob mit der Reibe auf die Mayonnaise raspeln. Wieder mit einer dünnen Schicht Mayonnaise bestreichen. Die nächste Schicht ist die Rote Bete. Auch diese grob mit der Reibe auf den Salat schichten. Wieder dünn mit Mayonnaise bestreichen.
4. Zuletzt die Eier mit der Reibe grob auf den Salat reiben und anschließend alle Seiten mit Mayonnaise bestreichen. Am Ende sieht das Ganze wie ein Maulwurfshügel aus. Den Salat 24 Stunden im Kühlschrank ziehen lassen. Danach hat er seine typische pinke Färbung.

OMAS TIPP

Am besten lassen sich die gekochten Zutaten mit einem Messer sanft schälen bzw. pellen. Alle Zutaten müssen in gleichen Mengenverhältnissen geschichtet werden. Nur mit einer Reibe ergibt sich die wunderbare fluffige Konsistenz.

RUSSISCHE »VINAIGRETTE«

Rote-Bete-Krautsalat

Ein sehr frischer Salat, der sich super als Beilage zum Grillen macht! Und er kann auch am nächsten Tag noch gegessen werden, denn das Kraut bleibt knackig frisch.

Für 6 Personen

300 g Kartoffeln
300 g Möhren
300 g Rote Bete
100 g Erbsen (frisch oder TK, aufgetaut)
1 kleine Zwiebel
1 TL Salz
2 Prisen Pfeffer
600 g Sauerkraut (am besten selbst gemacht, siehe Seite 120, oder aus der Dose)
50 g kalt gepresstes Öl

1. Die Kartoffeln, die Möhren sowie die Rote Bete einzeln in reichlich kochendem Salzwasser bissfest kochen, bis jede Gemüsesorte gar ist. Das dauert bei den Kartoffeln etwa 25 Minuten, bei den Möhren 10 bis 15 Minuten, bei der Roten Bete etwa 30 bis 40 Minuten. Am besten mit einer Gabel testen, ob sie weich gekocht sind. Lässt sich die Gabel ohne Widerstand in das Gemüse stechen, ist es fertig. Abgießen und abkühlen lassen.
2. In der Zwischenzeit die Erbsen 2 Minuten in kochendem Salzwasser blanchieren und in ein Sieb abgießen. Die Zwiebeln schälen und in kleine Würfel schneiden. Die Rote Bete und die Kartoffeln schälen und mit den Möhren ebenfalls in kleine Würfel schneiden. Alle vorbereiteten Zutaten in einer großen Schüssel mischen. Gut vermengen und mit Salz und Pfeffer würzen.
3. Das Kraut unterheben (ggf. vorher abgießen), das Öl dazugeben und den Salat vor dem Servieren 1 Stunde ziehen lassen.

CHOLODEZ

Kalte Fleischsülze

Hier scheiden sich die Geister: Man mag es oder man mag es nicht. Oma mag es selber gar nicht so gerne, aber Opa Viktor ist ein großer Fan. Und die »Alten« versuchen bei diesem Gericht immer, die »Jungen« zu überzeugen, es doch mal zu probieren – was meist damit endet, dass die »Alten« sagen: »Ihr wisst ja nicht, was gut ist.«

Für 6 Personen

1 Rinderbeinscheibe (ca. 500 g)
1 Schweinefuß (ca. 500 g)
5 Knoblauchzehen
½ TL Pfeffer
Salz

Außerdem
Auflauf- oder Kastenkuchenform

1. Die Rinderbeinscheibe und den Schweinefuß in einen Topf geben und so viel Wasser aufgießen, dass das Fleisch bedeckt ist. Zum Kochen bringen und etwa 2 Stunden kochen, bis das Fleisch vom Knochen fällt. Die Knochen und das Fleisch aus der Brühe nehmen und das Fleisch in kleine Stücke schneiden.
2. Den Knoblauch schälen und mit einer Presse in die Brühe drücken. Mit Pfeffer würzen und so viel Salz hinzugeben, bis man es dominant herausschmeckt. Das Fleisch zurück in den Topf mit der Brühe geben, nochmals kurz aufkochen und wieder vom Herd nehmen. Alles zusammen in die Form geben und abkühlen lassen.
3. Wenn es abgekühlt ist, für einige Stunden abgedeckt in den Kühlschrank stellen, bis es eine feste Masse wird. Dazu schmecken Brot, Kartoffeln oder Nudeln.

PILZSALAT

Im Herbst gehen wir alle gerne Pilze sammeln und Oma macht uns dann diesen leckeren Salat. Wenn die Suche allerdings nicht erfolgreich ist, greifen wir auf eingelegte chinesische Stockschwämmchen zurück. Und auch wenn das Rezept noch so einfach ist, alle Osteuropäer kennen es und auf Hochzeiten und Feiern steht es eigentlich immer auf dem Tisch.

Für 8 Personen

530 g Steinpilze oder Pfifferlinge
etwas Butter zum Braten
2 Knoblauchzehen
100 g getrocknete Kräuter (Petersilie, Basilikum, Dill und Schnittlauch)
1 große Prise Kurkuma
1 TL Salz
1 TL Senfkörner
4 TL Zucker
1 EL Essig
6 EL Öl

1. Am Vortag die Pilze mit einem Küchenpapier trocken reiben, in Scheiben schneiden und mit etwas Butter anbraten. Die Pilze in eine Schüssel geben. Den Knoblauch schälen und zu den Pilzen pressen. Alternativ mit einer Reibe fein reiben und zu den Pilzen geben.
2. Für das Dressing Kräuter, Kurkuma, Salz, Senfkörner, Zucker, Essig, Öl und 4 EL Wasser vermengen. Über die Pilze geben, alles gut vermengen und abgedeckt im Kühlschrank über Nacht ziehen lassen. Der Salat ist eine tolle Beilage oder ein guter Beitrag zum Büfett.

MORKOVKA PO KOREJSKI

Koreanischer Möhrensalat

Ein »eingewandertes« Rezept aus Korea, das im Laufe der Zeit auch auf unseren Familientisch gewandert ist, und das wir nicht mehr missen möchten.

Für 8–10 Personen

1 kg Möhren
25 g Salz
1 EL Essigessenz
(25 % Essigsäure) oder
80 ml Essig (9 % Essigsäure)
2 Zwiebeln
150 g Sonnenblumenöl
(oder ein anderes
neutrales Öl)
5 Knoblauchzehen
90 g Zucker
1 TL gemahlener Koriander
½ TL Chilipulver
½ TL Pfeffer

1. Die Möhren waschen, schälen und mit einer Reibe grob reiben. (Wer eine spezielle Reibe zu Hause hat, reibt die Möhren gerne zu Stiften). Das Salz und die Essigessenz dazugeben und verrühren. Etwa 20 Minuten ziehen lassen. Den Saft, der sich abgesetzt hat, anschließend abgießen.
2. Die Zwiebeln schälen und in sehr dünne Scheiben schneiden. Das Öl in einer Pfanne sehr stark erhitzen und dann die geschnittenen Zwiebeln kurz glasig anbraten. Sie sollten keine Farbe annehmen.
3. Den Knoblauch schälen und fein hacken. Zusammen mit dem Zucker, dem Koriander, dem Chilipulver und dem Pfeffer auf die abgegossenen Möhren geben. Das heiße Öl und die Zwiebeln darübergießen, sodass sich die Gewürze gut entfalten. Alles miteinander vermischen und für den besten Geschmack nach dem Abkühlen mindestens 24 Stunden kühl stellen.

DER BAHNHOFSMARKT

Wie vorher schon erwähnt, hatten Oma und Opa einen wundervollen Garten, der viel Obst und Gemüse wie Kraut, Rote Bete, Beeren, Gurken, Tomaten (so viele Tomaten!) hervorbrachte. Und weil es mehr war, als sie selbst benötigten, wurde es auf dem Markt verkauft, um etwas Geld dazuzuverdienen.

Der Markt, auf dem das Obst und Gemüse verkauft wurde, war etwas anders als die, die man hier in Deutschland so kennt. Die Frauen aus der Umgebung verkauften ihre Ware dort direkt am Bahnsteig vor dem Gleis 1 an die Reisenden der dort zwischenhaltenden Züge. Deshalb war es wichtig zu wissen, welche Züge wann und wohin fuhren. Mit der Zeit fand man sogar heraus, in welchen Zügen die besonders hungrigen Passagiere unterwegs waren. So war der Bahnhof ein lebendiger Platz, nicht nur für den Verkauf von Waren aus der Region, sondern auch für den neuesten Klatsch und Tratsch. Es war ein Ort der Freude und der Gemeinschaft, an dem jeder etwas Gutes für sich finden konnte.

Unsere Uroma lebte damals mit der Familie zusammen im Haus und half natürlich mit. Sie trug das Obst und Gemüse eimerweise auf den Markt, wo sie es dann verkaufte. Meine Mama Ludmila, damals elf Jahre alt, unterstützte die Uroma dabei als Kurier. Auf einem alten Fahrrad balancierte sie täglich vier bis fünf Eimer voller Nachschub zum Bahnhof und brachte der Uroma mittags auch noch das Essen, das Oma gekocht hatte. Aus Langeweile heraus entstand für Ludmila ein Spiel, ihre eigenen Fahrzeiten immer weiter zu unterbieten, und Mengen, die sie transportierte, zu erhöhen.

Eines Tages erreichte Ludmila den Bahnhof sogar vor ihrer Oma, gerade als schon der erste Zug des Tages eintraf. Eine Frau stieg aus dem Zug und kam sofort rüber, weil sie die großen Eimer voll roter Tomaten gesehen hatte. Begeistert wollte sie gleich einen ganzen Eimer kaufen und fragte, was der Eimer kostet. Ludmila, die selbst nicht wusste, welche Preise die Uroma verlangte, entschied sich für vier Rubel, was ihr als Kind als eine beachtliche Summe erschien. Die Frau zahlte, ohne zu zögern und nahm den ganzen Eimer mit. »Was ein Riesenerfolg für das erste Geschäft!«, dachte sich Ludmila.

Kurz darauf kam auch die Uroma an. Ludmila erzählte ihr stolz von ihrem Verkauf und wie viel Geld sie verlangt hatte. Als herauskam, dass die Uroma hier normalerweise fast den 10-fachen Preis verlangte, und die Dame sich wohl über spottbillige Tomaten gefreut hat, war klar, dass der Verkauf selbst die Aufgabe der Uroma bleiben würde. Denn wenn Uroma etwas konnte, dann war es verkaufen. An einem Markttag verdiente sie oft mehr als den durchschnittlichen Wochenlohn in Russland zu jener Zeit, und da war sie sehr stolz drauf.

Auch die zweite Tochter, Helena, hatte ihre Aufgaben: Sie goss die Pflanzen und holte die Kühe von der Weide. So hatte jeder in der Familie seine Pflichten und trug zum Erfolg des Hofes bei.

Der eigene Anbau war enorm wichtig, denn es gab kaum Einkaufsläden, und die, die es gab, hatten nicht viel zu bieten. Unsere Familie kaufte oft nur Zucker, Salz, Brot, Mehl und Butter, alles andere mussten Oma und Opa selbst herstellen. Diese Selbstversorgung wurde im Laufe der Jahre zur Gewohnheit und Routine, sodass auch heute noch vieles im eigenen Garten angebaut wird. Und während wir es heutzutage gewöhnt sind, dass alle Lebensmittel zu allen Zeiten für uns verfügbar sind, war das früher ganz anders: Es wurde saisonal geerntet und damit auch gegessen. Wenn zum Beispiel die Kirschen und Erdbeeren reif wurden, gab es die beliebten und bekannten Marmeladentage. An diesen Tagen werden kiloweise Erdbeeren und Kirschen auf den angrenzenden Bauernhöfen gesammelt und eingekocht – für die Familie und, ganz wichtig, zum Verschenken. Und eine der Fragen, die man jedes Mal nach einem Besuch bei Oma hören wird, ist: »Möchtest du ein Glas Marmelade mitnehmen oder habt ihr noch?«

Die Tradition der Marmeladentage wurde nach Deutschland gebracht und es gibt sie in unserer Familie bis heute.

Beliebtes Obst und Gemüse

Das beste Obst und Gemüse kommt immer aus dem eigenen Garten. Doch da viele Menschen heutzutage keinen Garten mehr haben, oder nur einen kleinen, ist es schön, wenn man einen passenden Laden oder Händler kennt. Auch kann es perfekt sein, wenn man in der Nähe von einem Stadtmarkt wohnt. Meist sind diese ein- bis zweimal die Woche und man findet dort weitaus mehr als nur regionales Obst und Gemüse. Dort kann man frische, hochwertige Produkte entdecken, die mit Sorgfalt und Liebe angebaut wurden. Der Besuch auf dem Markt bietet nicht nur die Möglichkeit, erstklassiges Obst und Gemüse zu kaufen, sondern auch die Gelegenheit, mit den Bauern zu sprechen, neue Sorten zu entdecken und sich von der Vielfalt der Natur inspirieren zu lassen. So wird auch der Einkauf zu einem kleinen Erlebnis und einem schönen Zeitvertreib, um wieder etwas Genuss in den Alltag zu bringen.

In der osteuropäischen Küche wurde oft das verwendet, was im eigenen Garten gewachsen war, und die Rezepte spiegeln die Vielfalt der regionalen Erzeugnisse wider. Kraut, Möhren, Kartoffeln, Zwiebeln, Knoblauch und Rote Bete – all diese Zutaten wurden nicht nur frisch, sondern auch konserviert genutzt. All das prägt bis heute unsere Kultur.

Doch die begrenzte Auswahl an Zutaten wurde immer sehr abwechslungsreich und vielfältig zubereitet. Das Essen war nahrhaft und sättigend und selbst im Winter sorgte es für die nötigen Vitamine. So brachte jede Mahlzeit nicht nur Geschmack und Genuss, sondern auch die Gewissheit, gut versorgt und gesund zu sein.

Für die Winter mussten Vorräte angelegt werden, und so wurde fleißig eingekocht und haltbar gemacht, um die kalte Jahreszeit zu überstehen. Denn die Winter waren lang und hart, besonders im Ural, wo Oma aufgewachsen ist. Dort begann der sehr kalte Winter im November und dauerte bis in den März. Es gab hier feste und überlebenswichtige Routinen: So mussten, bevor die kalte Jahreszeit einsetzte, das Obst und Gemüse eingemacht, die Tiere geschlachtet und das Fleisch haltbar gemacht werden. Dank der sorgfältigen Vorbereitung war die Familie immer gut versorgt. Die Wintermonate wurden so zu einer Zeit, in der man die Früchte der eigenen Arbeit genießen konnte. Den Kindern sind besonders die Erzeugnisse aus Äpfeln und verschiedenen Beeren wie Himbeeren, Brombeeren, Stachelbeeren und Johannisbeeren in Erinnerung geblieben.

Immer noch gehört es zu Omas Leben, Vorräte zu haben und zu hüten. Nur eine Packung Mehl zu kaufen, ist für sie unvorstellbar. Sie hat immer das Gefühl, dass am nächsten Tag nichts mehr zu essen übrig sein könnte. Deshalb stehen in ihrer Vorratskammer heute noch mindestens 10 Flaschen Öl, 20 Packungen Mehl und unzählige Gläser mit verschiedensten Marmeladen und Eingemachtem.

BEI

HAUPTSPEISEN

PLOV

Ein echtes Wohlfühlessen

Für meine Familie ein absolutes Standardgericht: Was Spaghetti Bolognese für den Italiener ist, ist Plov für uns. Am besten schmeckt es daheim, so wie Oma es kocht. Kati möchte sich am liebsten »reinlegen« – wie gut, dass wir noch einige Portionen eingefroren haben.

Für 4 Personen

500 g Lammfleisch (ohne Knochen)
2 Möhren
2 Zwiebeln
Sonnenblumenöl und Butter zum Braten
250 g Parboiled Reis
Salz und Pfeffer
2 TL Gemüsebrühe (Pulver)
1 ½ TL Tomatenmark (oder 3 EL Ketchup)
3 Knoblauchzehen

1. Das Fleisch in etwa 2 bis 3 cm große Würfel schneiden. Die Möhren waschen, schälen und mit einer Reibe grob reiben. Die Zwiebeln schälen und in kleine Stücke schneiden.
2. In einem großen Topf das Öl erhitzen und ein Stück Butter für den Geschmack dazugeben. Das Fleisch darin kurz anbraten, es darf noch nicht durchgebraten werden. Die Zwiebeln und die Möhren mit in den Topf geben und ebenfalls anbraten. Durch die Flüssigkeit, die das Fleisch abgibt, wird das Gemüse leicht geschmort.
3. Nach 10 Minuten den ungekochten Reis in den Topf geben und 500 ml Wasser hinzugeben. Nach Belieben mit Salz und Pfeffer würzen, die Gemüsebrühe sowie das Tomatenmark hinzufügen und alles kräftig umrühren.
4. Den Knoblauch schälen und die Zehen an verschiedenen Stellen in den Reis stecken. Den Deckel auflegen und etwa 20 Minuten kochen (dabei den Deckel die ganze Zeit nicht anheben), bis der Reis die ganze Flüssigkeit aufgesogen hat. Es darf zum Schluss keine Flüssigkeit mehr im Topf sein. Wenn der Reis noch nicht ganz durch, aber die Flüssigkeit verkocht ist, gerne noch etwas Wasser hinzugeben. Der Reis sollte lieber etwas weicher als zu bissfest sein. Zum Schluss gerne selbst entscheiden, ob die Zehen im Reis versteckt bleiben oder vor dem Servieren entfernt werden.

OMAS TIPP

Nimm gerne das gleiche Fleisch wie für Gulasch. Auch Rind würde gut passen. In Russland hätte ich Schwein genommen, aber da schmeckte das Schweinefleisch auch anders.

BESPARMAK

Kasachisches Nationalgericht

Dieses Gericht heißt übersetzt »fünf Finger«, da man zum Essen ursprünglich die ganze Hand und somit die eigenen fünf Finger benutzte. Traditionell griff man mit einer Hand Nudeln, Fleisch und Zwiebeln, tunkte sie in das Schälchen Brühe und aß es in einem Happs. Heutzutage wird es eher so erklärt, dass das Gericht so lecker ist, dass man sich nach dem Essen alle fünf Finger lecken möchte.

Für 6 Personen

Für die Brühe

1–2 kg Rind- oder Lammfleisch am Knochen
2 Zwiebeln
1 TL Salz
½ TL Pfeffer
1 Prise gemahlener Koriander
1 Prise gemahlener Dill
½ TL Knoblauchpulver
1 Prise gemahlene Lorbeerblätter (oder 1 Lorbeerblatt, halbiert)

Für die Nudeln

400 g Mehl
2 Eier (Größe M)

Außerdem

2 Zwiebeln zum Garnieren

1. Das Fleisch waschen, trocken tupfen, so teilen, dass es in den Topf passt, und in einen sehr großen Topf legen. Wasser aufgießen, bis das Fleisch gut bedeckt ist, und das Wasser aufkochen. Den Schaum, der beim Kochen entsteht, mit einem Schaumlöffel oder einem großen Löffel regelmäßig abschöpfen. Das Fleisch mit Deckel etwa 1 ½ Stunden köcheln lassen.
2. Die Zwiebeln schälen, in die Brühe legen und die Gewürze hinzugeben. Bei kleiner Hitze weitere 30 bis 45 Minuten köcheln lassen.
3. In der Zwischenzeit die Nudeln zubereiten. Dazu das Mehl, die Eier und 100 ml Wasser kräftig zu einem homogenen Teig verkneten. Den Teig auf der bemehlten Fläche 2 mm dünn ausrollen. Mit einem Pizzaroller oder einem Messer erst längs halbieren und dann mehrmals quer durchschneiden, sodass mehrere größere Vierecke entstehen. Die typischen Besparmak-Nudeln sollten 5 bis 10 cm groß sein.
4. Wenn das Fleisch fertig ist, die Zwiebeln und das Fleisch aus dem Topf nehmen. Das Fleisch mit einer Gabel vom Knochen lösen und das überschüssige Fett mit einem Messer wegschneiden. Das Fleisch in mundgerechte Fetzen reißen und auf einem Teller zum Servieren beiseitestellen.

5. Aus dem Topf mit der übrigen Brühe etwas Fett mithilfe eines Löffels abschöpfen und in einer Schüssel beiseitestellen, um später darin einen Teil der Zwiebeln zum Garnieren zu braten. Die übrige Brühe durch ein kleines Sieb passieren, um die letzten Fleischreste und eventuell die Lorbeerblätter zu entfernen.

6. Einen Teil der Brühe in einen kleinen Topf geben und aufkochen. Die Zwiebeln zum Garnieren schälen, halbieren und in Ringe schneiden. Eine Zwiebel in der kochenden Brühe 3 bis 5 Minuten kochen und die andere Zwiebel in einer Pfanne mit dem abgeschöpften Fett kurz anbraten. Die Nudeln in einen großen Topf mit der restlichen Brühe geben und unter Rühren etwa 7 Minuten gar kochen.

GOLUBTSI

Kohlrouladen

Oma erzählt schmunzelnd, dass ihre ersten Kohlrouladen viel zu flüssig waren und ihr gar nicht geschmeckt haben. Das kann ich mir gar nicht vorstellen, denn die Rouladen sind eines meiner Lieblingsgerichte von Oma. Ihr Geheimtipp: Sie nimmt Milchreis zum Füllen.

Für 6 Personen

Für die Rouladen

1 Spitzkohl
1 Zwiebel
500 g gemischtes Hackfleisch
150 g gekochter Reis (oder Milchreis)
2 Eier
je 1 Prise Salz und Pfeffer
1 Spritzer Sojasoße

Für die Soße

2 Zwiebeln
2 Möhren
3–4 EL Öl oder Butter zum Andünsten
2 EL Mehl
3 geh. EL Ketchup
2 geh. EL süße Chilisoße
1 EL Dill-Salatgewürzmischung
gemahlene Lorbeerblätter
je 1 Prise Salz und Pfeffer
1 Prise Paprikapulver edelsüß
weitere Gewürze nach Geschmack (z. B. getrockneter Koriander)

Außerdem

Auflaufform oder ofenfester Topf

1. Zuerst den Strunk so aus dem Kohl schneiden, dass die Blätter noch fest am Kohl bleiben. In einem großen Topf reichlich Wasser zum Kochen bringen und den Kohl darin 5 bis 10 Minuten weich kochen. Damit der Kohl besser in den Topf passt, kann die Spitze abgeschnitten werden. Den Kohl immer mal wieder drehen, damit er gut durchgekocht wird.
2. In der Zwischenzeit für die Soße die Zwiebeln schälen und klein schneiden. Die Möhren waschen, schälen und grob raspeln. Die Zwiebeln in einer Pfanne mit etwas Öl oder Butter andünsten und die geriebenen Möhren dazugeben. Das Mehl hinzufügen und mit anschwitzen. Wenn alles gut durch ist, Ketchup und süße Chilisoße hinzugeben. Alle Gewürze hinzufügen und gut verrühren. Etwas köcheln lassen und mit 500 ml Wasser aufgießen.
3. Den fertigen Spitzkohl mit zwei Kochlöffeln aus dem Topf heben und die Blätter, soweit es möglich ist, lösen. Wenn die Blätter sich nicht lösen lassen, den Kohl immer mal wieder in den Topf zurücksetzen und den Vorgang wiederholen, bis alle Blätter einzeln gelöst werden können. Gerne etwas von dem Kohlwasser zur Soße geben.
4. Die Zwiebel für die Füllung schälen und fein schneiden. Das Hackfleisch mit dem gekochten Reis und der Zwiebel vermengen, die Eier dazuschlagen und unterheben. Mit Salz, Pfeffer und Sojasoße abschmecken.

5. Auf die untere Hälfte jedes Weißkohlblattes 2 große EL Hackfleischmischung geben, das Blatt einmal von unten einschlagen, die Seiten einklappen und das Weißkohlblatt aufrollen.
6. Eine Lage Rouladen in einen großen, ofenfesten Topf oder eine Auflaufform geben, mit Soße bedecken und eine weitere Lage Rouladen darauflegen. Wieder mit Soße bedecken und so fortfahren, bis alle Zutaten verbraucht sind.
7. Entweder im Ofen bei 200 °C (Umluft 180 °C) 1 ½ Stunden backen oder auf dem Herd mit Deckel auf höchster Stufe zum Kochen bringen, dann die Hitze reduzieren und etwa 40 Minuten köcheln lassen.

SCHASCHLIK

Fleischspieße

Ein sehr bekanntes, häufig gekochtes Gericht, von dem es deswegen auch unendlich viele Varianten gibt. Und jeder findet natürlich seine Version am leckersten. Ich muss ja nicht sagen, welche wir am besten finden!

Für 6 Personen

3 kg Fleisch (siehe Tipp)
500 g Zwiebeln
3 EL neutrales Öl
150 ml Mineralwasser
1 EL Salz
½ TL schwarzer Pfeffer
½ TL Paprikapulver edelsüß
Schaschlikgewürz nach Belieben
2 TL süße Chilisoße
5 EL Ketchup
3 EL Senf
200 g Sahne

Außerdem:

15–18 große Metall-Schaschlikspieße

1. Am Vortag das Fleisch waschen, trocken tupfen und in mundgerechte Stücke schneiden. Die Zwiebeln schälen und fein reiben. Zusammen mit dem Fleisch in eine große Schüssel geben.
2. Öl, Mineralwasser, alle Gewürze, Chilisoße, Ketchup und Senf dazugeben und alles gut miteinander vermischen. 2 bis 3 Stunden abgedeckt kühl stellen. Die Sahne dazugeben und unterziehen. Über Nacht bzw. maximal 24 Stunden ziehen lassen.
3. Am nächsten Tag das Fleisch auf die Metallspieße schieben und auf dem Grill zubereiten. Sie brauchen etwa 20 Minuten (dabei öfter wenden), bis sie von allen Seiten schön braun sind.

NETTE ANEKDOTE VON RICHARD

Als Kind sollte ich einmal Schaschlikspieße in die Schule mitbringen. Die Lehrerin dachte natürlich an diese kleinen Holzspieße, aber das wusste ich nicht. Also bin ich nach Hause zu Opa gegangen und habe gesagt: »Wir brauchen Schaschlikspieße für die Schule.« Obwohl sich alle etwas über diesen Auftrag gewundert haben, hat er mir unsere vergleichsweise »riesigen« Metallspieße eingepackt, die oben sogar noch aus dem Schulranzen rausstanden. Ich kann euch sagen, die Lehrerin hat Augen gemacht – Kastanientiere konnte ich damit nicht basteln.

OMAS TIPP

Hier ist die Qualität des Fleisches entscheidend. Ich nehme am liebsten durchwachsenes Fleisch vom Schweinehals, aus der Lammschulter oder -hüfte. Das beste Lammfleisch gibt es bei uns beim Türken um die Ecke – damit werden die Schaschlikspieße einfach herrlich.

RUSSISCHER STRUDEL

Eine Art herzhafte Dampfnudel

Ein Sonntagsessen von Omas Eltern, das Rezept ist sehr alt und traditionell – und nicht zu verwechseln mit dem Strudel, den man hierzulande kennt.

Für 4–6 Personen

Für den Teig
250 ml Milch
½ Würfel frische Hefe (21 g)
1 TL Zucker
1 TL Salz
500 g Mehl

Für das Kraut
½ Weißkohl
3 Zwiebeln
500 g Schweinebauch
Öl zum Braten
500 g eingelegtes Kraut
(siehe Seite 120)
Salz und Pfeffer
etwa 2 TL Gemüsebrühe (Pulver)
100 g gesalzene Butter

1. Für den Teig die Milch leicht erwärmen, die Hefe hineinbröseln und den Zucker dazugeben. Den Vorteig 10 Minuten gehen lassen. In eine Schüssel geben und das Mehl sowie das Salz dazusieben. Alles zu einem geschmeidigen Teig verkneten. Die Schüssel mit einem Tuch abdecken und den Teig 30 bis 45 Minuten gehen lassen.
2. In der Zwischenzeit für das Kraut die äußeren Blätter und den Strunk des Weißkohls entfernen. Den Kohl in Streifen schneiden. Die Zwiebeln schälen und ebenfalls in Streifen schneiden. Das Fleisch in mundgerechte Stücke schneiden.
3. Etwas Öl in einem großen Topf erhitzen und das Fleisch darin anbraten. Die Zwiebeln und den frischen Weißkohl ebenfalls hinzugeben und leicht anbraten. Den Deckel auflegen und etwa 15 Minuten schmoren lassen.
4. Die Fleisch-Kohl-Mischung kräftig würzen und das eingelegte Kraut darauf geben. Wasser im Wasserkocher aufkochen und die Brühe darin auflösen, so viel Wasser verwenden, dass das Kraut damit gerade bedeckt werden kann. Den Topf mit Brühe auffüllen, sodass im Topf genug Wasserdampf für die Strudel entsteht. In einem kleinen Topf die Butter schmelzen.

5. Den Hefeteig in 4 gleich große Stücke teilen. Diese auf der bemehlten Arbeitsfläche jeweils zu 1 cm dicken Rechtecken (20 × 30 cm) ausrollen und mit der geschmolzenen Butter bestreichen. Von der langen Seite her aufrollen und von der Rolle gleichmäßig große 3 bis 4 cm breite Scheiben abschneiden. Die so entstandenen Rollen – auch Strudel genannt – auf den Kohl in den Topf legen, sodass sie im Wasserdampf mindestens 40 Minuten garen können (die Strudel sollten nicht im Wasser liegen).
6. Die Strudel mit Kraut und der restlichen zerlassenen Butter servieren.

OMA HANNIS SIMPEL GEFÜLLTE PAPRIKA

Ein Rezept von Katis Oma aus der DDR

Wichtig für die Rezepte der DDR war oft, dass die Zutaten günstig sein mussten, dass sie eigentlich jeder immer zu Hause haben musste und dass man gut Reste verwenden konnte. Was man nicht daheim hatte, wurde einfach ersetzt. Wer also keine Brötchen hat, nimmt Toast …

Für 4 Personen

Für die Füllung
2 Brötchen
etwas Milch zum Einweichen
1 kleine Zwiebel
500 g Schweinehackfleisch (oder gemischtes Hackfleisch)
3 Eier
Salz und Pfeffer
60 g Senf
etwas Paniermehl (nach Bedarf)

Für die Paprika
4 große Paprikaschoten
1 kleine Zwiebel
etwas Öl zum Anbraten
50 g Tomatenmark
Salz und Pfeffer
1 Prise Pimentpulver
1 TL Paprikapulver edelsüß
2–3 Lorbeerblätter
50 g Mehl
50 g Butter

1. Für die Füllung die Brötchen in etwas Milch einweichen, bis sie sich vollgesaugt haben. Die Zwiebel schälen und in feine Würfel schneiden. Die Brötchen vorsichtig ausdrücken und zusammen mit den Zwiebeln in eine große Schüssel geben. Das Hackfleisch und die Eier dazugeben und alles gut verkneten. Zu Beginn wirkt die Masse recht flüssig, einfach so lange kneten, bis eine homogene Masse entsteht. Mit Salz, Pfeffer und Senf abschmecken. Der Teig ist recht weich, wird aber nach dem Garen fest und fluffig sein. Die Schüssel abdecken und kalt stellen.

2. Die Paprikaschoten waschen, auf der Seite des Strunks einen Deckel abschneiden und die Kerne und Trennwände entfernen. Die Paprikastücke rund um den Strunk klein schneiden und für die Soße beiseitestellen.

3. Die Zwiebel schälen und fein würfeln. Das Öl in einem großen Topf, in dem alle Paprikaschoten Platz haben, erhitzen. Die Paprikastückchen und die Zwiebeln darin anbraten, bis die Zwiebeln glasig werden. Das Tomatenmark hinzugeben und mit anbraten. Wenn das Mark anfängt sich abzusetzen, mit 700 ml Wasser ablöschen und gut rühren. Salz, Pfeffer, Piment, Paprikapulver und Lorbeerblätter hinzugeben. Den Deckel auflegen und aufkochen.

4. In der Zwischenzeit die Paprika füllen: Dazu die Fleischmasse aus dem Kühlschrank nehmen und nochmals durchkneten. Ist sie zu flüssig, etwas Paniermehl einarbeiten. Die Masse in die Paprika füllen. Sollten Reste bleiben, können diese zu Bällchen geformt und in der Soße gegart werden.
5. Die Hitze auf mittlere Stufe reduzieren. Die Paprika vorsichtig in die Soße setzen und mit Deckel 25 Minuten köcheln lassen. Nach der Kochzeit die Paprika herausnehmen und auf einen Teller setzen.
6. Für die Mehlschwitze zum Binden der Soße die Butter in einem kleinen Topf schmelzen, das Mehl mit einem Schneebesen einrühren. In die Soße geben und mit dem Schneebesen gut unterrühren. Die Lorbeerblätter entfernen. Nochmals abschmecken und die gefüllten Paprika mit der Soße servieren. Dazu passen Reis oder Kartoffeln.

TIPP

Wer mag, kann die Füllung noch mit Paprikastücken, Tomaten-, Paprikamark oder Oregano und Thymian verfeinern. Oma Hanni mag die Grundversion am liebsten.

GALUSCHKI

Kartoffeln und Klöße

Oma »überkocht« die Kartoffeln gerne etwas. Wenn sie das Wasser abgegossen hat, gibt sie alles zurück in den Topf, fügt etwas Butter hinzu und rührt alles gut durch, um es etwas zu »vermanschen«. Da es ein Gericht ohne Soße ist, wird es dadurch nicht trocken.

Für 4 Personen

500 g Mehl
1 TL Salz
500 g mehligkochende Kartoffeln
120 g Butter

1. Aus dem Mehl, 200 ml Wasser und dem Salz einen festen, nicht klebrigen Teig für die Klöße kneten. Die Kartoffeln schälen, in Viertel schneiden. Diese in einen großen Topf mit reichlich Salzwasser geben und aufkochen. Sobald die Kartoffeln einige Minuten gekocht haben, aber noch nicht gar sind, den Teig in das kochende Wasser zupfen. Dabei sollten die Teigstücken in etwa so groß wie die Kartoffelstücke sein.
2. Die Kartoffeln und die Klöße nun etwa 10 Minuten kochen, bis beides gar ist. Für die Garprobe die Kartoffeln mit einer Gabel anstechen, sie sollten sich weich anfühlen. Bei den Klößen einen aus dem Topf nehmen und durchschneiden. In ein Sieb abgießen und die fertigen Klöße und Kartoffeln in eine Servierschüssel geben.
3. Zum Schluss die Butter in einem Topf schmelzen, bis sie eine leicht gebräunte, goldene Färbung annimmt. Die geschmolzene Butter über die Kartoffeln und Klöße geben und mit Salz und Pfeffer abschmecken.

OMAS TIPP

Wenn dir der gezupfte Teig nicht ordentlich genug aussieht, kannst du den Teig auch schneiden oder zu kleinen Würsten rollen, sodass sie aussehen wie Schupfnudeln.

DYMLIMA

Usbekisches Gericht

Das Rezept hat mir ein Follower geschickt – es hat uns als Familie alle vollkommen überzeugt und steht nun häufiger auf dem Tisch. Ein einfaches Anfängergericht, bei dem man nichts falsch machen kann, das aber richtig was hermacht!

Für 6–8 Personen

8 Hähnchenunterkeulen
Salz und Pfeffer
3 Knoblauchzehen
4 EL Butter
1 Zwiebel
6 mittelgroße Kartoffeln
2 große Möhren
2 rote Paprikaschoten
3 Tomaten
½ Spitzkohl

1. Das Fleisch in einen großen Topf legen und mit Salz und Pfeffer würzen. Die Knoblauchzehen schälen und zwischen den Hähnchenunterkeulen verteilen. Die Butter auf das Fleisch geben. Als Nächstes werden die restlichen Zutaten auf das Fleisch geschichtet, dabei wird jede Schicht mit Salz und Pfeffer gewürzt.
2. Die Zwiebel schälen, halbieren, in Ringe schneiden und auf dem Fleisch verteilen. Die Kartoffeln waschen, schälen, in Achtel schneiden und auf die Zwiebel legen. Die Möhren waschen, schälen und in Scheiben schneiden. Auf den Kartoffeln verteilen. Die Paprikaschoten waschen, entkernen, in Streifen schneiden und auf den Möhren verteilen. Die Tomaten waschen, halbieren (dabei den Stielansatz entfernen), in Scheiben schneiden und auf den Paprika verteilen.
3. Zuletzt den Spitzkohl waschen, Strunk abschneiden, in Streifen schneiden und auf den Tomaten verteilen. Das Würzen nicht vergessen. 200 ml Wasser angießen und den Deckel auflegen. Aufkochen und 1 Stunde auf der niedrigsten Stufe köcheln lassen. Zum Servieren pro Portion große Löffel aller Schichten auf Teller verteilen.

LAGMAN

Besondere Nudeln mit Soße aus Kasachstan

Die Soße schmeckt wirklich lecker und passt zu verschiedenster Pasta, aber das Besondere an diesem Gericht sind die selbst gemachten Nudeln!

Für 4 Personen

Für die Nudeln
1 Ei (Größe M)
1 TL Salz
500 g Spätzlemehl
etwas Öl

Für das Fleisch
1 große Zwiebel
500 g Rindfleisch
(aus der Oberschale)
Öl zum Braten
½ EL Salz
1 TL Pfeffer
2 große Möhren
1 EL Tomatenmark
¼ Weißkohl
1 große Tomate
3 mittelgroße Kartoffeln
1 rote oder gelbe Paprikaschote

1. Für den Nudelteig das Ei mit 125 ml Wasser verquirlen und salzen. Nach und nach das Mehl hinzusieben und verkneten. Der Teig wird beim Kneten sehr fest. Den Teig abgedeckt 1 Stunde ruhen lassen.
2. Den Teig wieder weich kneten und nochmals 20 Minuten ruhen lassen. Den Teig auf der bemehlten Arbeitsfläche mit einem Nudelholz fingerdick ausrollen und mit Öl bestreichen. Mit einem Pizzaroller in fingerbreite Streifen schneiden. Diese Streifen dann mit den Händen ausrollen, bis sich die Länge verdoppelt hat. Nochmals mit Öl bestreichen, damit sie nicht aneinanderkleben und in eine saubere Schüssel zum Ruhen legen. 10 Minuten ruhen lassen.
3. Nun jede Nudel einzeln nochmals ein Stück länger ziehen, während die anderen weiter ruhen. Immer mit den Händen an der dickeren Spitze zu noch dünneren Rollen ausrollen. Sie sollten zwischendurch immer ruhen, damit sie während des Prozesses nicht reißen. Insgesamt zwei- bis dreimal rollen und zwischendrin ruhen lassen. Am Ende sind es ca. 5 mm dicke, sehr lange Nudeln. Die Enden aller Nudeln zusammenfassen und alle Rollen mehrmals in der Mitte umschlagen. Die Nudeln nun noch ein paar Mal ziehend auf die Tischplatte schlagen, damit sie gleichmäßig länger werden. Die Nudeln werden nicht klein geschnitten, sondern als Ganzes gekocht.

4. Die Zwiebel schälen und in große Stücke schneiden. Das Fleisch in ähnlich große Stücke schneiden. Das Öl in eine tiefe Pfanne geben und das Fleisch anbraten, bis es Farbe annimmt. Die Zwiebeln dazugeben und mit anschwitzen. Mit Salz und Pfeffer würzen und mit 500 ml Wasser ablöschen.
5. Die Möhren waschen, schälen, in Würfel schneiden und in die Pfanne geben. Den Deckel auflegen und 1 bis 2 Minuten kochen. Nochmals 500 ml Wasser und das Tomatenmark hinzugeben. Den Kohl waschen, putzen, Strunk entfernen, in Würfel schneiden und in die Pfanne geben. Die Tomaten waschen, Stielansatz entfernen, würfeln und mit in die Suppe geben. Die Kartoffeln waschen, schälen und in 1 cm große Würfel schneiden. Die Paprikaschoten waschen, entkernen, würfeln und mit den Kartoffeln in die Pfanne geben.
6. Das Ganze nochmals etwa 15 Minuten kochen, bis die Kartoffeln gar sind. Die Nudeln in der Zwischenzeit in reichlich Salzwasser 10 Minuten gar kochen. Die Kartoffeln abschmecken und zusammen mit den Nudeln servieren.

OMAS TIPPS

Wenn du die Kartoffeln größer schneidest, müssen sie gleichzeitig mit den Möhren in die Suppe, damit sie ausreichend Zeit zum Garen haben. Wenn du Zeit sparen möchtest, kannst du auch fertige Udon-Nudeln oder andere dickere Nudeln verwenden.

BIGOS

Polnischer Kohleintopf

Ein polnisches Nationalgericht, das man gut auch auf Vorrat kochen kann!

Für 4 Personen

400 g Sauerkraut (am besten selbst gemacht, siehe Seite 120, oder aus der Dose)
200 g Rindfleisch
200 g Schweinefleisch
1 Zwiebel
400 g Weißkohl
15 g getrocknete Steinpilze
100 g geräucherter Bauchspeck
50 g Speck
30 g Butter oder Schmalz zum Braten
250 g polnische Wurst (z. B. Krakauer)
1 geh. TL Mehl
1 geh. TL Zucker
1 geh. TL Salz
1 geh. TL Pfeffer

1. Das Sauerkraut ggf. abgießen, nach Bedarf in mundgerechte Stücke schneiden und in einen Topf geben. Das Rind- und das Schweinefleisch ebenfalls in mundgerechte Stücke schneiden. Die Zwiebel schälen und in kleine Würfel schneiden.

2. Die Hälfte der Zwiebeln mit etwas Butter oder Schmalz in einer Pfanne goldbraun anbraten. Die Schweine- und Rindfleischwürfel dazugeben und kurz mitbraten. Das gebratene Fleisch und die Zwiebeln in den Topf zum Sauerkraut geben. Dieses mit kochendem Wasser knapp bedecken und etwa 1 Stunde kochen lassen, bis das Fleisch durch ist.

3. Nun braucht man einen zweiten Topf für einen ähnlichen Ablauf. Den frischen Weißkohl waschen, putzen, säubern, die äußeren Blätter und den Strunk entfernen und den Kohl in Streifen schneiden. Den Kohl in den zweiten Topf geben. Die getrockneten Steinpilze halbieren und zum Weißkohl geben. Den Bauchspeck und den Speck in mundgerechte Stücke schneiden.

4. Die restliche klein geschnittene Zwiebel in einer Pfanne mit Butter oder Schmalz goldbraun braten. Die beiden Specksorten zu den Zwiebeln geben und braten, bis eine leichte Kruste entsteht. Den gebratenen Speck mit den Zwiebeln in den Topf mit dem frischen Kraut geben. Mit kochendem Wasser übergießen, sodass das Kraut etwas feucht ist, aber nicht mehr als ein Bodensatz Wasser im Topf steht. Das Kraut und den Speck mit Deckel etwa 40 Minuten dünsten, bis der Speck durch ist.

5. Das Sauerkraut und den Weißkohl in einen gemeinsamen Topf geben und miteinander vermischen. Die polnische Wurst in feine Ringe schneiden und hinzugeben. Sollte die Konsistenz zu wässrig sein, das Mehl zum Andicken unterrühren. Weitere 30 Minuten köcheln lassen und mit Zucker, Salz und Pfeffer abschmecken.

TIPPS

Falls gewünscht ist, dass das Bigos eine rötliche Farbe entwickelt, 2 EL Tomatenmark oder einen Schluck Rotwein mit der polnischen Wurst dazugeben. Je mehr unterschiedliche Fleischsorten verwendet werden, desto besser wird der Geschmack. Wichtig ist, dass alles mundgerecht geschnitten wird.

KOTLETTI

Gigantische Fleischbällchen

Mit Kotletti kann man einfach alles machen. Sie passen wirklich zu jeder Beilage – Nudeln, Kartoffeln, Reis –, können mit und ohne Soße serviert und auf dem Grill, in der Pfanne oder im Ofen zubereitet werden.

Für 4 Personen

100 ml Milch
2 Scheiben Weizentoast
500 g gemischtes Hackfleisch
1 mittelgroße Zwiebel
1 Ei
2 EL Schmand
½ TL Salz
½ TL Pfeffer
2 EL Öl zum Braten

1. Die Milch in einen tiefen Teller geben und das Toastbrot darin einweichen. Das Hackfleisch in eine Schüssel geben. Die Zwiebel schälen und mit einer Reibe fein über das Hackfleisch reiben.
2. Den eingeweichten Toast ausdrücken (die übrig gebliebene Milch wegschütten) und ebenfalls zum Hackfleisch geben. Das Ei in die Schüssel mit dem Hackfleisch schlagen und den Schmand dazugeben. Alles gut verkneten. Die Hackfleischmasse mit Salz und Pfeffer nach Belieben würzen. Das Hackfleisch zu runden, gleich großen Kugeln formen.
3. Das Öl in einer großen Pfanne erhitzen und die Kugeln anbraten. Während des Bratens mit einem Pfannenwender platt drücken. Pro Seite etwa 5 Minuten braten, bis das Fleisch eine schöne braune Färbung annimmt. Das Fett auf einem Teller mit Küchenpapier abtropfen lassen. Passt gut zu Kartoffeln, Nudeln oder Reis.

OMAS TIPP

Besonders gerne mache ich in der Mitte eine Mulde in die noch rohen Fleischbällchen und fülle sie mit Mozzarella. Dann reibe ich Käse darauf und backe die Kotletti im Ofen bei 200 °C (Umluft 180 °C) etwa 40 Minuten.

TEVTELI

Hackfleisch mit Reis

Die Herkunft dieses Gerichts ist bei uns umstritten. Oma sagt, es komme aus Georgien – das erkenne man an der Endung »-eli«. Doch unabhängig davon, woher es kommt, es schmeckt auf jeden Fall fantastisch.

Für 4 Personen

Für den Reis
150 g Milchreis
Salz
500 g gemischtes Hackfleisch (Schwein und Rind)
½ TL Pfeffer
1 Ei

Für die Soße
20 g Butter
30 g Mehl
3 EL Tomatenmark
Salz und Pfeffer
1 EL Schmand

Außerdem
Auflaufform

1. Den Milchreis mit 300 ml Wasser und 1 Prise Salz aufkochen, die Hitze reduzieren und 20 Minuten mit Deckel kochen lassen. Das Hackfleisch mit ½ TL Salz und dem Pfeffer würzen. Das Ei hinzugeben und mit den Händen verkneten. Den Milchreis zur Hackfleischmasse geben und alles gut verkneten. Mit den Händen 5 bis 6 Kugeln aus der Hackfleischmasse formen und in die Auflaufform geben. Den Backofen auf 220 °C (Umluft 200 °C) vorheizen.
2. Für die Soße die Butter in einer Pfanne erhitzen und das Mehl in die zerlassene Butter einrühren. Das Tomatenmark in die Mehlschwitze rühren. Mit Salz und Pfeffer abschmecken. Als Nächstes den Schmand in die Soße rühren. Zum Schluss nach und nach 400 ml Wasser hinzugeben.
3. Die fertige Soße über die Hackbällchen in der Auflaufform geben und etwa 50 Minuten auf der mittleren Schiene im Ofen garen. Dazu schmecken Brot, Nudeln oder Kartoffeln.

TANTE IDAS GULASCH

Gulasch ist wieder so ein Gericht, das jeder kennt und das in jeder Familie ein klein bisschen anders gekocht wird. Bei uns ist die Version von Omas Schwester Ida am beliebtesten.

Für 4 Personen

800 g Rindergulasch
800 g Zwiebeln
Öl zum Braten
10 g Butter
2 Knoblauchzehen
1 EL Mehl
½ TL Salz
1 TL Pfeffer
3 TL Paprikapulver edelsüß
2 EL Tomatenmark
250 ml Rinderbrühe
¼ Bio-Zitrone
3 Nelken
3 Wacholderbeeren

Außerdem
Tee- oder Gewürzbeutel

1. Das Fleisch waschen, trocken tupfen und in mundgerechte Stücke schneiden. Die Zwiebeln schälen und in mitteldicke Ringe schneiden. In einem Topf erst das Öl heiß werden lassen und dann die Butter (für den Geschmack) hinzugeben. Die Zwiebeln hineingeben und glasig andünsten. Das Fleisch hinzugeben und mit anbraten.
2. Den Knoblauch schälen, zerdrücken, fein hacken und auch mit in den Topf geben. Das Fett, welches das Fleisch abgibt, mit ein wenig Mehl etwas andicken. Dazu das Mehl mit einem Schneebesen unterrühren. Mit Salz, Pfeffer und Paprikapulver würzen. Das Tomatenmark hinzufügen, kurz einrühren und mitbraten. Mit der Rinderbrühe ablöschen.
3. Die Schale der Zitrone grob abreiben und mit den Nelken und den Wacholderbeeren entweder in einen Teebeutel oder einen Gewürzbeutel geben. Den Gewürzbeutel in den Gulaschtopf hängen. Das Gulasch nun bei niedriger Temperatur und geschlossenem Deckel mindestens 1 ½ Stunden köcheln lassen. Je länger die Schmorzeit, desto weicher wird das Fleisch. Vor dem Servieren den Gewürzbeutel entfernen. Dazu schmecken Kartoffeln, Spätzle, Nudeln oder Kopytka (siehe Seite 124).

»KLEIN KOCHEN KANN ICH NICHT«

Als Oma und Opa noch zu zweit waren, bereitete Oma auch noch kleinere Portionen zu. Mit der wachsenden Familie wuchsen aber auch die Töpfe. Immer schon liebte Oma es, ihre Familie um den Tisch zu versammeln. Dort gab es nicht nur Essen, sondern eben auch die Gelegenheit, Neuigkeiten auszutauschen.

»Bei mir ist immer etwas zu essen da,« erzählt Oma lächelnd. »Für das Mittagessen koche ich immer so viel, dass auch noch etwas für das Abendessen übrig bleibt. Und wenn Gäste kommen, da muss doch immer etwas im Haus sein.« Oma kocht gerne großzügig, ganz nach dem Motto: »Es lohnt sich nicht, wenn nichts übrig bleibt.«

»Das Schlimmste für mich ist«, fügt Oma hinzu, »wenn jemand unerwartet vorbeikommt und ich nichts anzubieten habe! Das geht doch gar nicht!« Ich erinnere mich an eine solche Situation: Als Kati und ich einmal überraschend vor der Tür standen, war Oma ganz anders als sonst, wenn wir vorbeikommen. Sie war richtig nervös. Als ich wie gewohnt die Töpfe öffnete, um ein wenig zu probieren, fing sie plötzlich an rumzudrucksen und verriet irgendwann, dass heute großer Besuch erwartet wurde und selbst für den war es etwas zu knapp kalkuliert. So wurden wir auf den nächsten Tag vertröstet und obwohl wir uns über diese Situation immer noch amüsieren, war es für Oma ein ganz schlimmes Gefühl!

Nun wird auch für die kleine Urenkelin mitgekocht. Das ist etwas schwieriger als damals, da die ganze Familie nicht mehr unter einem Dach lebt, aber Oma nimmt hier gerne die Fahrt auf sich, um ein paar Gefrierbeutel und Tupperboxen vorbeizubringen, damit auch immer genug von Omas Essen da ist.

So ist in all der Zeit Omas Haus stets ein Ort der Wärme und Gastfreundschaft geblieben, wo man zusammenkommt, um gutes Essen und Geschichten zu teilen.

WAS TUN MIT RESTEN?

Bei festlichen Anlässen und großen Zusammenkünften bleibt manchmal reichlich von den köstlichen Speisen übrig. Wer in meinen Augen gut kocht, kocht etwas auf Vorrat, besonders weil man sich am nächsten Tag die Zeit in der Küche spart und trotzdem ein Festmahl genießen kann.

Viele Leckereien, wie zarte Teigtaschen und knusprige Krebbel, lassen sich wunderbar einfrieren und sind bei Bedarf im Nu wieder aufgetaut. Auch der Kühlschrank ist ein treuer Verbündeter, der viele Speisen frisch hält, sodass sie bereit für den Genuss am nächsten Tag sind. Eintöpfe und Kraut entfalten sogar ihr volles Aroma noch besser, wenn sie eine Nacht ruhen dürfen.

Omas weiser Ratschlag: »Packt die Reste für die Gäste.«

TEIGTASCHEN

MANTI

Festliche, große Teigtaschen

Wenn man für Gäste Teigtaschen macht, kocht man Manti. Ich bezeichne sie gerne als »gebügelte Pelmeni«.

Für 5–6 Personen

Für den Teig
1 kg Mehl
1 TL Salz

Für die Füllung
500 g Zwiebeln
500 g Lammhackfleisch (alternativ gemischtes Hackfleisch)
Salz und Pfeffer

Außerdem
etwas Öl zum Garen
Topf mit Dampfeinsatz oder Dampfgarer

1. Für den Teig das Mehl, 350 ml Wasser und das Salz zu einem glatten Teig verkneten. Den Teig abgedeckt 20 Minuten ruhen lassen.
2. In der Zwischenzeit für die Füllung die Zwiebeln schälen und in kleine Würfel schneiden. Zusammen mit dem Hackfleisch in eine Schüssel geben und verkneten. Nach Belieben mit Salz und Pfeffer würzen.
3. Nun den Teig zu einer 5 cm großen Rolle formen. Von dieser Rolle 2–3 fingerbreite Stücke abschneiden. Diese mit einem Nudelholz auf der bemehlten Arbeitsfläche zu 2 mm dünnen Kreisen ausrollen.
4. Je 1 EL Hackfleisch in die Mitte der Teigkreise geben. Den Teig zu Teigtaschen formen: Dazu jeweils zwei gegenüberliegende Seiten des Teiges in der Mitte über der Füllung zusammennehmen. Jeweils zwei der dabei entstehenden seitlichen Ecken zusammendrücken. Das Hackfleisch sollte an keiner Stelle mehr rausschauen, damit sie innen schön saftig bleiben.
5. Die fertig geformten Manti werden nun im Dampf gegart. Dafür Wasser in den Dampfkochtopf geben und das Sieb einlegen. Das Sieb mit etwas Öl bestreichen, damit die Manti nicht festkleben. Die Manti in das Sieb legen und mit Deckel 40 Minuten garen. Die Manti sollen nicht übereinander liegen, daher ggf. in Portionen arbeiten. Dazu passt natürlich Schmand.

OMAS TIPP

Ob man die Zwiebeln schneidet oder reibt, ist entscheidend für den Geschmack. Eine geriebene Zwiebel schmeckt durch den Saft viel intensiver und ist gleichzeitig auch angenehmer zu essen, da man die Stücke nicht auf der Zunge spürt.

BELJASCHI

Ich habe es geliebt, wenn diese Teigtaschen übrig geblieben sind, denn sie waren meine allerliebste Brotzeit für die Schule. Sie sind nämlich in der Brotzeitdose nicht ausgetrocknet, sondern durch das Hackfleisch schön saftig geblieben.

Für 6 Personen (24 Stück)

Für den Teig
500 g saure Sahne
200 g Crème fraîche
2 Eier (Größe M)
1 TL Salz
5 TL Zucker
4 EL Sonnenblumenöl
700 g Mehl
2 Pck. Backpulver

Für die Füllung
500 g gemischtes Hackfleisch
1 mittelgroße Zwiebel
½ TL Salz
½ TL Pfeffer

Außerdem
750 ml Öl zum Braten

1. Als Erstes den Teig zubereiten: Dazu in eine große Schüssel saure Sahne, Crème fraîche, Eier, Salz und Zucker geben und mit einem Schneebesen gut verrühren. Danach das Sonnenblumenöl hinzugeben und noch einmal verrühren. Nach und nach das Mehl und das Backpulver in die Schüssel sieben und unterheben. Zum Schluss die Masse mit den Händen zu einem Teig kneten. Falls der Teig noch zu klebrig ist, ein wenig Mehl hinzugeben. Aber nicht zu viel! Den Teig nun für etwa 20 Minuten abgedeckt ruhen lassen.
2. In der Zwischenzeit das Hackfleisch für die Füllung vorbereiten: Dafür das Hackfleisch in eine Schüssel geben. Die Zwiebel schälen und mit einer Raspel fein zum Hackfleisch reiben. Mit Salz und Pfeffer würzen und alles gut miteinander verkneten.
3. Den Teig mit den Händen zu einer 5 cm dicken Rolle rollen. Danach jeweils 2 fingerbreite Stücken abschneiden, sodass es etwa 24 Kugeln werden. Diese Stücke auf der bemehlten Arbeitsfläche mit einem Nudelholz rund ausrollen, aber nicht zu dünn (etwa 5 mm hoch und 10 cm Durchmesser). Sie sollten sich noch leicht von der Fläche lösen und in die Hand nehmen lassen.
4. In die Mitte jedes kleinen Teigfladens 1 EL Hackfleischmasse geben und leicht platt drücken. Den überstehenden Rand des Teiges rundherum hochklappen, zu kleine Falten ziehen und diese jeweils etwas überlappen lassen, sodass das Hackfleisch in der Mitte vom Teig eingerahmt ist.

5. Eine tiefe Pfanne mit Öl füllen (es sollte 2 cm hoch stehen) und stark erhitzen. Um zu testen, ob das Öl heiß genug ist, ein übrig gebliebenes Stück Teig ins Öl geben. Erst wenn dieses wirklich im Ölbad siedet, die Beljaschi portionsweise frittieren. Die Beljaschi mit der offenen Hackfleischseite nach unten in das Öl geben. So lange braten, bis der Teig und das Hackfleisch gut gebräunt sind. Dann wenden und nochmals so lange braten, bis die andere Seite eine schöne goldbraune Färbung angenommen hat. Bei Bedarf portionsweise arbeiten. Herausnehmen und auf einem Küchenpapier abtropfen lassen.

DREIERLEI PIROSCHKI

Piroschki kann man in allen Varianten machen, süß oder herzhaft und mit verschiedensten Füllungen. Als Opa Viktor klein war, konnte man auf dem Markt sogar Piroschki mit Innereien gefüllt oder mit Leberwurst kaufen. Sie lassen sich super in großen Mengen vorbereiten und für jede Gelegenheit einfrieren.

Für 10–12 Personen

Für den Teig

400 g Naturjoghurt (3,5 % Fett)
100 g Crème fraîche
200 g saure Sahne
3 Eier (Größe M)
1 TL Salz, 3 EL Zucker
4 EL Sonnenblumenöl
1 kg Mehl
2 Pck. Backpulver

Für die Füllungen

Kartoffelfüllung

400 g mehligkochende Kartoffeln
70 g Butter
1 TL Salz
1 Prise Muskatnuss
150 ml Milch

Eierfüllung

4 Eier
1 Bund Schnittlauch oder Frühlingszwiebeln
3 EL Frischkäse
1 EL Schmand
Salz und Pfeffer

Hackfleischfüllung

1 Zwiebel
400 g gemischtes Hackfleisch
Salz und Pfeffer

Außerdem

Schmand zum Servieren (nach Belieben)
750 ml Öl zum Ausbacken

1. Für den Teig Joghurt, Crème fraîche, saure Sahne, Eier, Salz und Zucker in eine große Schüssel geben und mit einem Schneebesen verrühren. Danach das Öl hinzugeben und noch einmal gut verrühren. Nach und nach das Mehl in die Schüssel sieben, das Backpulver hinzugeben und alles mit einem Löffel unterheben. Den Teig aus der Schüssel holen und auf der Arbeitsfläche weiter kneten. Nach und nach Mehl dazugeben. Der Teig soll etwas klebrig bleiben nur die äußere Schicht darf nicht mehr an den Händen kleben bleiben. Den Teig abgedeckt ruhen lassen, während die Füllung zubereitet werden.

2. Für die Kartoffelfüllung die Kartoffeln in reichlich Salzwasser etwa 25 Minuten gar kochen. Abgießen und ausdampfen lassen. Die Kartoffeln pellen und mit Butter, Salz, Muskatnuss und Milch zu einem Brei stampfen.

3. Für die Eierfüllung die Eier hart kochen. Kalt abschrecken, etwas abkühlen lassen, schälen und klein schneiden. Am besten eignet sich dazu ein Eierschneider. Jedes Ei dafür einmal längs reinlegen, schneiden und danach noch einmal quer reinlegen und schneiden. Nun den Bund Schnittlauch waschen, trocken schütteln und klein schneiden. (Alternativ die Frühlingszwiebeln waschen, putzen und in feine Ringe schneiden). Mit Frischkäse und Schmand unter die Eier rühren und mit Salz und Pfeffer abschmecken.

4. Für die Hackfleischfüllung die Zwiebel mit einer Reibe fein reiben und mit etwas Öl in einer Pfanne andünsten. Das Hackfleisch dazugeben und ebenfalls anbraten. Mit Salz und Pfeffer abschmecken. Vom Herd nehmen.

5. Den Teig zu einer langen Rolle formen und in etwa 3 bis 4 cm breite, gleich große Stücke schneiden. Diese auf der bemehlten Arbeitsfläche jeweils zu runden, dünnen Kreisen ausrollen. Je 1 gehäuften EL einer Füllung auf die kleinen Teigkreise geben und die Ränder oben zusammennehmen. Die Füllung soll fest im Teig verschlossen sein. Dazu mit den Fingern die Naht flach zusammendrücken und in Falten legen. Die Naht zu einer Seite klappen und die Teigtasche mit der Naht nach unten sanft auf die Arbeitsfläche drücken. Mit den restlichen Teigkreisen ebenfalls so verfahren, bis Teig und Füllungen aufgebraucht sind.

6. Einen großen Topf zur Hälfte mit Öl füllen und das Öl stark erhitzen. Um zu testen, ob das Öl heiß genug ist, ein übrig gebliebenes Stück Teig in den Topf geben. Erst wenn dieses Stück wirklich im Ölbad siedet, die Piroschki portionsweise ins Öl geben und etwa 4 bis 5 Minuten frittieren. Wenn sie goldbraun sind, herausnehmen und auf einem Teller mit Küchenpapier abtropfen lassen. Die Piroschki schmecken warm und kalt. Wer mag, serviert etwas Schmand dazu.

TIPP

Wenn du nur eine Füllung machst, benötigst du nur ein Drittel der Teigmenge. Auch das selbst gemachte Kraut (siehe Seite 120) eignet sich gut als Füllung.

PIROGGEN

mit Sauerkraut- oder Käsefüllung

Die polnische Version der Vareniki – hier gibt es immer Streit, aus welchem Land das Originalrezept kommt. Am besten beide kochen und selber ausprobieren, welches besser ist. Die Füllungen der beiden Rezepte können natürlich auch ausgetauscht werden.

Für 4 Personen

Für den Teig (pro Füllung)
300 g Mehl
1 Ei (Größe M)

Für die Sauerkrautfüllung
800 g Weißkohl
50 g Zwiebeln
40 g Butter oder Schmalz zum Braten
Salz und Pfeffer

Für die Käsefüllung
400 g russischer Quark (*Tworog*, siehe Seite 148)
2 Eigelb
1 mittlere Zwiebel
Salz und Pfeffer

Außerdem:
Ausstecher (Ø 5 cm) oder ein Glas o. Ä. zum Ausstechen

1. Für den Teig das Mehl in eine Schüssel sieben. Das Ei hineinschlagen und mit 125 ml Wasser gut zu einem Teig verkneten. Sollte der Teig zu klebrig sein, ein wenig Mehl dazugeben. Darauf achten, dass der Teig nicht zu trocken wird, damit sich die Teigtaschen gut verschließen lassen. Während die gewünschte Füllung zubereitet wird, die Schüssel mit einem Tuch oder Folie abdecken, damit der Teig nicht austrocknet.
2. Für die Sauerkrautfüllung den Weißkohl von den äußeren Blättern befreien und den Strunk ausschneiden. Den Kohl waschen, vierteln und in einen großen Topf geben. Bis zur Hälfte mit Wasser auffüllen. 30 Minuten kochen, bis das Wasser verdampft ist.
3. In der Zwischenzeit die Zwiebeln schälen und in feine Stücke schneiden. Etwas Fett in der Pfanne erhitzen und die Zwiebeln darin leicht braun braten. Den Kohl abgießen und abkühlen lassen. Anschließend mit den Händen möglichst viel Flüssigkeit herausdrücken und den Kohl fein hacken. Die Zwiebeln unterheben und mit Salz und Pfeffer abschmecken.
4. Für die Käsefüllung den Quark in einem sauberen Tuch ausdrücken und durch ein Sieb in eine Schüssel pressen. Die Eigelbe mit dem Käse verquirlen. Die Zwiebel schälen und ganz fein hacken. Ebenfalls zur Käsemischung geben und kräftig verrühren. Die Käsefüllung sollte recht fest sein. Nach Belieben mit Salz und Pfeffer würzen.

5. Den Teig auf der bemehlten Arbeitsfläche portionsweise 3 mm dünn ausrollen und Kreise (Ø 5 cm) ausstechen. So verfahren, bis der ganze Teig verarbeitet ist. Den letzten Rest ggf. ohne Ausstecher zu einem Kreis formen.
6. Je 1 EL der vorbereiteten Füllung auf die Mitte der Teigkreise geben. Die Kreise zusammenklappen, sodass die Füllung in der Mitte gut verschlossen ist. Den offenen Rand mit einer Gabel zusammendrücken.
7. In einem großen Topf reichlich Salzwasser aufkochen. Die fertigen Piroggen portionsweise in das kochende Wasser geben. Wenn die Teigtaschen aufschwimmen, weitere 2 bis 3 Minuten köcheln lassen. Mit einer Schöpfkelle herausnehmen. In eine Schüssel geben, mit etwas zerlassener Butter übergießen, damit sie nicht zusammenkleben. So weiter verfahren, bis alle Piroggen gekocht sind. Diese Teigtaschen passen super zu Rote-Bete-Suppe oder Barszcz czerwony. Ich liebe eine gute Pilz-Sahne-Soße dazu.

OMAS TIPPS

Für die Sauerkrautfüllung kannst du auch fertiges Sauerkraut nehmen, in mundgerechte Stücke schneiden und mit den gebratenen Zwiebeln mischen. Sollte Sauerkraut übrig bleiben, schmeckt es zusammen mit geschmolzener Butter wunderbar zu den fertigen Piroggen.
Für die Käsefüllung kannst du anstelle der Zwiebel auch Frühlingszwiebeln oder Schnittlauch verwenden.

HERZHAFTE VARENIKI

Dieses Gericht gehört zu meinen liebsten Kindheitserinnerungen. Es gab nicht Besseres, als von der Schule nach Hause zu kommen und einen riesengroßen Bottich Vareniki auf dem Tisch zu finden, mit denen wir uns nach Lust und Laune den Bauch vollschlagen konnten.

Für 6 Personen

Für den Teig
1 kg Spätzlemehl
2 TL Salz

Für die Füllung
1 kg mehligkochende Kartoffeln
2 Zwiebeln
etwas Öl zum Braten
30 g Butter
400 ml Milch
½ TL Salz
1 Prise Muskatnuss

Außerdem
etwas zerlassene Butter oder Öl (nach Belieben)
Schmand zum Servieren (nach Belieben)

1. Das Mehl für den Teig in eine große Schüssel geben, nach und nach 350 ml Wasser hinzugeben und unterheben. Mit dem Salz würzen. Falls die Masse zu trocken erscheint, gerne noch etwas Wasser hinzugeben. Mit den Händen zu einem gleichmäßigen Teig verkneten. Er darf nicht zu feucht zum Ausrollen sein, aber auch nicht zu trocken, damit die Teigtaschen sich zum Schluss gut verschließen lassen. Den Teig etwa 20 Minuten abgedeckt ruhen lassen.
2. In der Zwischenzeit die Kartoffeln waschen, schälen und in reichlich Salzwasser gar kochen. Während die Kartoffeln kochen, die Zwiebeln schälen, in Würfel schneiden und in einer Pfanne mit etwas Öl anbraten. Vom Herd nehmen und abkühlen lassen.
3. Die Kartoffeln abgießen, zurück in den Topf geben und mit Butter, Milch, Salz und Muskatnuss zu einem Brei stampfen. Die Zwiebeln unter den Brei heben.
4. Den Teig zu einer gleichmäßigen, etwa 3 fingerbreiten Rolle formen. 2 bis 3 cm große Stücke davon abschneiden und diese auf der bemehlten Arbeitsfläche mit einem Nudelholz zu 5 mm dünnen Kreisen ausrollen. Je 1 EL Kartoffelmasse in die Mitte geben. Nun müssen die Ränder gut verschlossen werden: Dazu den Teig von einer Seite auf die andere klappen wie eine kleine Tasche. Die Enden fest aneinander drücken. Um sicherzugehen, dass sie sich beim Kochen nicht öffnen, an der Schlussstelle einzelne kleine Falten aus dem Teig formen.

5. In einem großen Topf Wasser aufkochen und einen Teil der Teigtaschen ins Wasser geben. Portionsweise arbeiten, damit die Vareniki genug Platz haben. Wenn die Vareniki an der Oberfläche schwimmen, weitere 3 Minuten im Topf ziehen lassen. Mit einer Schöpfkelle aus dem Wasser nehmen, in eine große Schüssel geben, mit etwas zerlassener Butter oder Öl übergießen, damit sie nicht aneinanderkleben und die nächste Portion kochen. Nach Belieben mit geschmolzener Butter und Salz oder Schmand servieren.

PELMENI

Oma macht zu den Pelmeni beim Kochen immer gleich noch ein kleines Schälchen zerlassener, goldbrauner Butter, die zum Servieren über die Teigtaschen gegeben wird.

Für 6 Personen

Für den Teig
1 kg Spätzlemehl
2 TL Salz
2 Eier (Größe M)

Für die Füllung
1 kg gemischtes Hackfleisch
2 Zwiebeln
Salz und Pfeffer

Außerdem
Schmand und Ketchup (nach Belieben)
zerlassene Butter oder Sojasoße (nach Belieben)

1. Für den Teig das Mehl in eine große Schüssel geben, nach und nach 350 ml Wasser hinzugeben und unterheben. 1 TL Salz hinzufügen. Die Eier in ein separates Gefäß schlagen und mit dem zweiten TL Salz verquirlen. Die Eier unter den Teig rühren. Falls die Maße zu trocken erscheint, gerne noch etwas Wasser hinzugeben. Mit den Händen zu einem gleichmäßigen Teig verkneten. Er darf nicht zu feucht zum Ausrollen sein, aber auch nicht zu trocken, um ihn zum Schluss gut verschließen zu können. Während der Teig abgedeckt ruht, die Füllung zubereiten.
2. Für die Füllung das Hackfleisch in eine Schüssel geben. Die Zwiebeln schälen und fein zum Hackfleisch reiben. Alles gut verkneten. Mit Salz und Pfeffer würzen und etwas Wasser (bis zu 100 ml) hinzugeben. Alles noch einmal gut vermengen.
3. Den Teig zu einer oder zwei langen Rollen formen und gleichmäßig große, 2 fingerbreite Stücke abschneiden. Diese auf der bemehlten Arbeitsfläche zu kleinen Kreisen etwa 3 mm dünn ausrollen. Je 1 TL Hackfleisch in die Mitte der Kreise geben, zu einem Halbmond zusammenklappen und an den Rändern fest verschließen. Falls der Teig nicht fest genug haftet, die Finger mit Wasser bestreichen und den Teig an der Innenseite etwas befeuchten. Danach die Enden der Halbmonde miteinander verbinden, sodass die Teigtaschen aussehen wie kleine Hütchen. Der Rand sollte dabei etwas nach oben klappen.
4. Reichlich Salzwasser in einem großen Topf zum Kochen bringen und die Pelmeni darin kochen. Wenn die Pelmeni aufschwimmen, noch etwa 3 bis 4 Minuten weiter gar kochen. Danach das Wasser mit einem Sieb abgießen und die Pelmeni servieren. Nach Belieben mit Schmand (ggf. mit etwas Ketchup verrührt), zerlassener Butter oder Sojasoße servieren.

OMAS TIPP

Falls du öfter Pelmeni machst und um dir die Arbeit etwas zu erleichtern, kannst du auch eine sogenannte »Pelmeniza« kaufen. Diese gibt es schon ab 10 € im Internet.

Chebureki

Dieses Rezept ergibt eine reichliche Menge Teigtaschen – sollte bei Oma etwas übrig bleiben, friert sie die Reste gerne ein und hat so immer etwas zu Hause, wenn Kati und ich uneingeladen vor der Tür stehen.

Für 20 bis 25 Stück

Für den Teig
1 kg Mehl
1 TL Salz

Für die Füllung
1 kg gemischtes Hackfleisch
3 große Zwiebeln
1 TL Salz
⅓ TL Pfeffer

Außerdem
Sonnenblumenöl zum Braten

1. Für den Teig das Mehl, 350 ml Wasser und das Salz zu einem glatten Teig verkneten und abgedeckt etwa 20 Minuten ruhen lassen.
2. In der Zwischenzeit die Füllung zubereiten: Das Hackfleisch in eine Schüssel geben und die Zwiebeln schälen. Die Zwiebeln mit einer Reibe fein zum Hackfleisch reiben. Mit Salz und Pfeffer würzen und alles miteinander verkneten.
3. Den Teig zu einer Rolle formen und in ca. 5 cm große Stücke schneiden. Diese auf der bemehlten Arbeitsfläche mit einem Nudelholz zu 3 mm dünnen Kreisen ausrollen. Je 1 EL Hackfleisch in der Mitte der Teigkreise platzieren. Die Ränder zu einem Halbmond aufeinanderklappen und fest drücken. Die Ränder mit den Zinken einer Gabel platt drücken. Das ergibt einen schönen Zierrand.
4. Eine tiefe Pfanne zur Hälfte mit Öl füllen, sodass die Chebureki darin schwimmen können. Das Öl stark erhitzen. Ein Stück Teig in das Öl geben, um die Temperatur zu prüfen. Wird der Teig gleich goldbraun, ist die richtige Temperatur erreicht. Die Chebureki nebeneinander in die Pfanne geben. Dabei portionsweise arbeiten, damit die Teigtaschen ausreichend Platz haben. Sobald die eine Seite goldbraun ist, wenden und die andere Seite ebenfalls goldbraun braten. Wenn beide Seiten gleichmäßig gebräunt sind, die Chebureki mit einer Schöpfkelle herausnehmen und auf Küchenpapier abtropfen lassen. So weiter verfahren, bis alle Chebureki gebraten sind.

OMAS TIPP

Alternativ kann man die Chebureki auch vegetarisch füllen. Dafür würde ich 1 Bund Frühlingszwiebeln waschen, putzen, in Ringe schneiden und in einer Pfanne glasig anbraten. 4 verquirlte Eier dazugeben und mitbraten. Diese Masse dann abkühlen lassen und genauso auf den Teig geben, verschließen und braten, wie man es mit dem Hackfleisch tun würde.

Teigtaschen für alle

Woher kommt denn die schier unendliche Vielzahl der Teigtaschenrezepte in der osteuropäischen Küche?

Es ist ein bekannter Witz, dass es in Osteuropa eigentlich nur ein Gericht mit vielen verschiedenen Namen gibt: Fleisch im Teig. Und doch ist jedes Rezept dazu anders. Aber warum gibt es so viele Teigtaschenvariationen? Zum einen sind sie ein nahrhaftes Essen, das durch den Teig satt macht und durch das Fleisch viele Kalorien enthält, was besonders in kalten Wintern und bei harter Arbeit wichtig ist. Zum anderen lassen sie sich gut aufbewahren und die Füllung ist extrem variabel. Je nach Jahreszeit und Verfügbarkeit füllt man den Teig einfach mit dem, was gerade da ist, bzw. was der Garten gerade hergibt.

Bei Oma in Russland wurden die Pelmeni während des Winters sorgsam in einem Sack auf dem Dachboden aufbewahrt. Weil es dort besonders kühl und trocken war, blieben sie wochenlang frisch. Wichtig war dabei, dass der Sack von der Decke hing. Ansonsten wären Mäuse und Ratten gekommen und hätten die wertvollen Vorräte angeknabbert.

Teigtaschen sind ein Gericht, das gerne zu Festen oder für die Großfamilie zubereitet wurde. Dann haben sich die Frauen der Familie zusammengetan, um gemeinsam die Teigtaschen vorzubereiten, zu füllen und zu falten. Nicht nur die Füllungen, sondern auch die Art des Faltens und Garens ist so vielfältig, wie man es sich nur vorstellen kann. Rund oder eckig, klein oder groß, frittiert oder aus dem Ofen – je nach Region und Familientradition werden die Teigtaschen anders zubereitet. Oma sagt zu unseren gerne: »Das ist eben unsere Art. Jedem wie es ihm gefällt.«

Genauso variabel sind auch viele der Rezepte hier in diesem Buch. Teigtaschen, die im Ofen gebacken werden, können meist auch gekocht oder frittiert werden. Ob man sie lieber rund, eckig oder ganz anders faltet, ist Geschmackssache. Probiere einfach aus, was dir am besten schmeckt.

BEI
OMA
am besten!

Vorräte anlegen

In diesem Buch wurde sehr viel und oft vom Anlegen von Vorräten erzählt. Was in der damaligen Zeit ein überlebensnotwendiges Muss war, ist heute ein gesundes und zeitsparendes Kann.

Der Kühlschrank bei Oma und Opa war weit entfernt von dem, was wir heute kennen. Im Winter war das Wetter stabil und kalt, das machte man sich zunutze. Der Kühlschrank war daher direkt vor der Tür im Garten selbst. Man grub ein tiefes, weites Loch in die Erde, zwei bis drei Meter tief und ebenso breit. Dieses große Loch wurde im Winter mit einer großzügigen Menge Eis bestückt, das mühsam von einem nahegelegenen Gewässer herangeschafft werden musste. Durch die beständig tiefe Temperatur in der Erde hielt das Eis sogar noch bis in den Sommer, um die Lebensmittel zu kühlen.

Der Keller, in dem ebenfalls viele Vorräte gelagert wurden, war auch für die Kinder in Russland oft ein Ort des Schreckens. Die Aufgabe, Karotten oder Kartoffeln aus dem Keller zu holen, war eine der unangenehmsten. Hier setze man sich der ständigen Gefahr aus, beim Tasten nach den Lebensmitten im Dunkeln auf eine vergammelte Kartoffel oder eine matschige Möhre zu stoßen.

Es war zudem sehr wichtig, stets einen Teil der Ernte für die nächste Aussaat zu behalten. Die Jahreszeiten, in denen die Erde bewirtschaftet werden konnte, waren nur von Mai bis September. Das ist eine undenkbar kurze und kostbare Spanne. In dieser kurzen Zeit musste die Ernte ausreichend sein, um den kompletten Winter zu überstehen und auch für den nächsten vorzusorgen. Denn es gab nichts zu kaufen.

Um das Fleisch haltbar zu machen, wurde es meist gesalzen oder geräuchert. Im Garten hatte Opa dafür eine Vorrichtung zum Räuchern gebaut. In einem eigens gegrabenen Erdloch entzündete er ein Feuer, dessen Rauch durch einen Tunnel in ein großes Fass geleitet wurde, in dem das Fleisch hing. Die Kunst bestand darin, das Fleisch mit kaltem Rauch zu behandeln, was seine Haltbarkeit sicherte und ihm zusätzlich einen unvergleichlichen Geschmack verlieh. 24 Stunden musste das Fleisch ununterbrochen dem kalten Rauch ausgesetzt sein. Oma und Opa wechselten sich bei der Wache ab, damit das Feuer niemals ausging, aber auch nicht zu stark wurde. Doch eines Nachts geschah doch mal ein Missgeschick. Oma ließ das Feuer in ihrer Wache zu heiß werden. Darauf eingestellt, dass nun das Fleisch verbrannt und ruiniert sei, wurde sie aber überrascht. Beim Probieren stellten sie fest, dass sie mit dem heiß geräucherten Speck eine wahre Delikatesse geschaffen haben. Selbst die Tochter, die normalerweise keinen Speck mag, schwärmt noch heute von diesem unverhofften Leckerbissen.

OMA

BEILAGEN

HAUSGEMACHTES SAUERKRAUT

Wir essen unser Kraut gerne zu Kartoffeln und anderen deftigen Speisen. Aber auch als Füllung für Piroschki (siehe Seite 101) eignet es sich wunderbar.

Für 4–6 Personen

3 kg Weißkohl
100 g Möhren
70 g Salz
3 EL Zucker
3 Prisen gemahlener Kreuzkümmel

Außerdem
Holzspieß
1 großes Glas mit Deckel

1. Die äußeren Blätter des Weißkohls lösen und den Strunk ausschneiden. Das Kraut fein schneiden. Die Möhren waschen, schälen und mit einer Reibe grob raspeln. Alle Zutaten in einer Schüssel gut vermengen, bis Saft austritt.
2. Das Gemüse nach und nach in das große Glas geben und dabei immer wieder nach unten drücken, damit Flüssigkeit austreten kann und nicht zu viel Luft zwischen den Gemüseschichten bleibt. Wichtig ist es, das Glas nicht bis oben hin zu befüllen, da noch mehr Flüssigkeit austreten kann.
3. Bei Zimmertemperatur 2 Tage offen stehen lassen und immer wieder mit dem Holzspieß hineinstechen. So kann das Kraut gut »atmen« und verliert an Säure. Das Kraut nach den 2 Tagen mit den Händen gut ausdrücken, damit es nicht länger im eigenen Saft steht. In einem verschlossenen Gefäß im Kühlschrank gelagert hält es 2 bis 3 Monate.

KARTOFFELBREI NACH OMAS ART

Kartoffelbrei ist die beste Beilage, die es gibt – wenn er so fantastisch gemacht ist wie bei Oma. Das ist eine wahre Kunst. Oma ist es schon fast peinlich, wie viel Milch und Sahne sie hineintut. Aber das macht die Sache einfach so viel leckerer.

Für 4 Personen

1 kg mehligkochende Kartoffeln
Salz und Pfeffer
150 g Butter
300 ml Milch
100 g Sahne

1. Die Kartoffeln waschen, schälen und in Viertel schneiden. Reichlich Wasser aufkochen, 2 EL Salz hinzugeben und die Kartoffeln darin in etwa 20 bis 25 Minuten gar kochen.
2. Die Kartoffeln abgießen und zurück in den Topf geben. 1 Prise Pfeffer und die Butter zu den heißen Kartoffeln geben. Mit einem Kartoffelstampfer zu Brei stampfen. Die Milch und die Sahne dazugeben und weiter zu einer gleichmäßigen Masse stampfen. Je länger gestampft wird, desto besser wird der Kartoffelbrei. Nach Bedarf mit Salz und Pfeffer würzen.

OMAS TIPP

Ich serviere den Kartoffelbrei zu verschiedensten Fleischbeilagen: Tevteli (siehe Seite 88), Cholodez (siehe Seite 48) oder Gulasch (siehe Seite 90). Auch als Füllung für Piroschki oder Vareniki lässt er sich wunderbar verwenden.

Arista
35 40 45

KOPYTKA

Polnische Gnocchi

Viel besser als das vermeintliche italienische Original. Kati träumt noch heute von einem Weihnachtsessen, wo es Kopytka zu Ente und verschiedenen Weißkrautgerichten gab – unglaublich lecker.

Für 4 Personen

1 ½ kg mehligkochende Kartoffeln
250 g Mehl
1 EL Kartoffelmehl (oder Kartoffelstärke)
1 Ei (Größe M)
1 EL Salz
1 EL Butter, plus mehr zum Braten

Außerdem
Kartoffelpresse

1. Die Kartoffeln waschen, schälen und in einem Topf mit reichlich gesalzenem Wasser in etwa 30 Minuten gar kochen. In ein Sieb abgießen und abkühlen lassen. Anschließend mit einer Kartoffelpresse in eine große Schüssel pressen.
2. Die Kartoffelmasse mit dem Mehl, dem Kartoffelmehl, dem Ei sowie dem Salz zu einem Teig verkneten. Auf einer bemehlten Fläche zu einer langen, 2 bis 3 fingerbreiten Rolle formen und diese dann leicht flach drücken. Von der Rolle 3 fingerbreite Stücke abschneiden.
3. In einem großen Topf reichlich Wasser aufkochen und die Butter hineingeben, damit die kleinen Klöße nicht aneinanderhaften. Eine Schüssel mit kaltem Wasser bereitstellen. Die Klöße portionsweise ins Wasser geben. Wenn die Klöße aufschwimmen, noch weitere 3 Minuten ziehen lassen. Mit einer Schöpfkelle herausnehmen und in das kalte Wasser geben.
4. Die nächste Portion Klöße ins kochende Wasser geben. Während sie kochen, die Klöße aus dem kalten Wasser holen und zum Trocknen in eine weitere Schüssel legen.
5. Wenn alle Kopytka fertig sind, in einer tiefen Pfanne reichlich Butter schmelzen. Die Kopytka darin leicht goldbraun braten und anschließend nach Geschmack salzen.

OMAS TIPP

Kopytka eignen sich toll als Beilage zu Fleischgerichten. Man kann sie aber auch als eigenständiges Gericht machen, indem man sie mit Weißkäse füllt und mit geschmolzener Butter übergießt. Dafür 500 g russischen Quark (*Tworog*, siehe Seite 148) gut ausdrücken und mit Salz und Pfeffer würzen. Vor dem Kochen der Kopytka in die Mitte eine Mulde drücken, den russischen Quark hineingeben und gut verschließen. Kochen wie links beschrieben.

KLUSKI

Kleine Klöße aus Kartoffeln

Ich liebe die Kluski meiner polnischen Oma – sie sind flutschig, kleben nicht am Gaumen, sind aber auch nicht trocken. Die besten »Klöße« auf dem Planeten. Sie stellen locker jede Beilage in den Schatten. Ich hätte an Weihnachten immer am liebsten 20 Kluksi und Soße gefuttert. Bis sie allerdings so gut werden wie bei Oma, braucht es einiges an Übung.

Für 6 Personen

1 kg mehligkochende Kartoffeln
2 Eier (Größe M)
600 g Kartoffelmehl
(oder Kartoffelstärke)
Salz
40 g Mehl zum Arbeiten

1. Die Kartoffeln waschen, schälen und in Salzwasser in 20 bis 25 Minuten gar kochen. Abgießen und die Kartoffeln durch eine Kartoffelpresse in eine Schüssel pressen, sodass ein feiner Brei entsteht.
2. Eine Mulde in die Mitte das Kartoffelbreis machen und die Eier und das Kartoffelmehl in die Mulde geben. Alles zu einem glatten Teig verrühren. Ein Viertel des Teigs auf der bemehlten Arbeitsfläche zu einer langen Rolle mit 3 bis 4 cm Durchmesser formen. Etwa 3 bis 4 cm breite Stücke diagonal von der Rolle abschneiden (die Stücke sollen genauso hoch wie breit sein). Mit dem Daumen eine kleine Vertiefung in jeden Kloß drücken.
3. Reichlich Salzwasser in einem großen Topf aufkochen und die Klöße mit einem Löffel in das kochende Wasser geben. Dabei portionsweise arbeiten, damit die Klöße Platz haben. Wenn die Klöße aufschwimmen, noch 2 bis 3 Minuten weiter kochen lassen. Nun mit einer Schöpfkelle oder einem Sieb die Klöße aus dem Topf holen, auf einen Teller legen und die nächste Portion ebenso kochen.
4. Die Kluskis entweder als eigenes Gericht mit geschmolzener Butter servieren oder auch als Beilage zu einem Gericht mit Soße (wie Rouladen, siehe Seite 65, oder Gulasch, siehe Seite 90) verwenden.

Beliebte Beilagen

Das, was für mich die osteuropäische Küche ausmacht, ist die Vielzahl der Beilagen und Extras, die bei jedem Essen mit auf dem Tisch kommt. Sei es, dass Oma mehrere Beilagen wie Nudeln, Reis oder Kartoffeln serviert oder gleichzeitig Fleisch und Fisch auf den Tisch stellt, damit jeder sich aussuchen kann, in welcher Kombination ihm was am besten schmeckt. Dazu kommen kleine Salate oder eingelegte Köstlichkeiten, damit sich jeder das Essen noch bunter auf dem eigenen Teller zusammenstellen kann.

Weil Opa es bei den Pelmenis liebt, die Brühe zu genießen, in welcher sie gekocht wurden, zaubert Oma mit einer Prise Dill, etwas Pfeffer und fein gehackten Zwiebeln aus dem einfachen Nudelwasser noch eine eigene Suppe. So entstehen in einem einzigen Kochvorgang gleich zwei wunderbare Gerichte. Natürlich, als Oma nur für sich und Opa kochte, gab es oft nur ein Gericht. Doch jetzt, wo sie immer für viele kocht, muss der Tisch reichlich und vielfältig gedeckt sein. Schließlich soll für jeden etwas dabei sein, das ihm schmeckt. Es wäre unvorstellbar, wenn ein Gast da wäre, dem nichts von dem schmeckt, was auf dem Tisch steht.

Die »Nudeln« Osteuropas

Zwei typisch osteuropäische Beilagen, die nicht allzu bekannt sind oder erst jetzt als »Superfood« Bekanntheit erlangen, sind Buchweizen und Perlgraupen.

Während in vielen anderen europäischen Ländern die Kartoffel den Buchweizen weitgehend verdrängt hat, bleibt Buchweizen in Osteuropa ein Grundnahrungsmittel. Oma bereitet ihn ähnlich wie Reis zu: Sie kocht ihn mit der doppelten Menge Wasser, fügt eine Prise Salz und einen Klecks Butter hinzu und lässt ihn köcheln, bis das Wasser vollständig aufgesogen ist. Manchmal ersetzt sie das Wasser durch Milch, was dem Buchweizen eine besonders cremige Note verleiht. Buchweizen harmoniert wunderbar mit Gerichten, die reichlich Soße enthalten – besonders köstlich ist er zu Tevteli (siehe Seite 88).

Auch Perlgraupen, meist aus Gerste gewonnen, sind eine traditionelle Zutat unserer Küche. Wir genießen sie besonders gern in herzhaften Suppen wie Rassolnik (siehe Seite 28). Diese Perlen der osteuropäischen Küche sind ein seit Generationen geschätztes »Veteranenessen« und vermitteln nicht nur kulinarische Tradition, sondern auch einen Hauch von Nostalgie in jeder Schüssel.

Saure Zutaten

Oft stellt sich die Frage, warum in der osteuropäischen Küche so gerne und so viele saure Zutaten wie Essiggurken, Sauerkraut oder Ähnliches verwendet werden. Zum einen einfach, weil es schmeckt. Zum anderen, weil auch dieser Geschmack tief in dieser Kultur und dem Überleben eines langen Winters verwurzelt ist. Vieles, was haltbar gemacht wurde, entwickelte beim Einlegen seinen so unverkennbaren säuerlichen Geschmack. Entweder durch den natürlichen Säuerungsprozess oder durch die Zugabe von Essig.

Sauerkraut zum Beispiel war in diesen frostigen Monaten eine wichtige Quelle für Vitamine, die sonst schwer zu bekommen waren. So sind die sauren Zutaten nicht nur ein spezielles Erbe, sondern auch ein Symbol für die Weisheit der Vorfahren, die ihre Familien durch den Winter brachten.

Kräuter und Gewürze

Als Gewürze wurden für die Speisen oft nur Salz und Pfeffer verwendet. Dafür aber viele frische Kräuter. Das kommt daher, dass die Kräuter im eigenen Garten wuchsen, also reichlich und günstig verfügbar waren. Gewürze hingegen waren teuer und schwer zu bekommen. Gewürzmischungen gab es schon gleich gar nicht. Also wurden Dill, Petersilie, Schnittlauch und Frühlingszwiebeln aus dem eigenen Kräutergarten verwendet. Zu viel Dill gibt es nicht – eine Soß kann man nicht »überkräutern« (und, wie Oma sagt, auch nicht »überbuttern« oder »überzwiebeln«). In die herzhaften Gerichte kommt oft auch noch eine Prise Zucker, »das macht den Geschmack runder«, sagt Oma.

OMA
SCHMECKT'S
am besten

SÜẞSPEISEN

SÜßE VARENIKI

Teigtaschen mit Erdbeerfüllung

Die Füllung hat Oma je nach Jahreszeit variiert. Waren die Blaubeeren reif, wurden die Vareniki damit gefüllt. Nach der Kirschernte gabs eine Kirschfüllung – natürlich standen auch sie, wie die herzhafte Variante auch, schüsselweise auf Omas Küchentisch.

Für 6 Personen

Für den Teig
1 kg Spätzlemehl
2 TL Salz

Für die Füllung
1 kg Erdbeeren

Außerdem
geschmolzene Butter oder Schmand zum Servieren (nach Belieben)

1. Den Teig wie auf Seite 107 beschrieben aus Mehl, 350 ml Wasser und Salz zubereiten und etwa 20 Minuten abgedeckt ruhen lassen.
2. In der Zwischenzeit die Erdbeeren waschen, putzen, in sehr kleine Würfel schneiden und in einer Schüssel beiseitestellen. Den Teig zu einer gleichmäßigen, etwa 3 fingerbreiten Rolle formen. 2 bis 3 cm große Stücke davon abschneiden und diese auf der bemehlten Arbeitsfläche mit einem Nudelholz zu 3 mm dünnen Kreisen ausrollen. Je 1 TL Erdbeeren in die Mitte geben. Nun müssen die Ränder gut verschlossen werden: Dazu den Teig von einer Seite auf die andere klappen wie eine kleine Tasche. Die Enden fest aneinanderdrücken. Um sicherzugehen, dass sie sich beim Kochen nicht öffnen, an der Schlussstelle einzelne kleine Falten aus dem Teig formen.
3. In einem großen Topf Wasser aufkochen und einen Teil der Teigtaschen ins Wasser geben. Portionsweise arbeiten, damit die Vareniki genug Platz haben. Wenn die Vareniki an der Oberfläche schwimmen, weitere 3 Minuten im Topf lassen. Mit einer Schöpfkelle aus dem Wasser nehmen, in eine große Schüssel geben, mit etwas zerlassener Butter oder Öl begießen, damit sie nicht aneinanderkleben, und die nächste Portion kochen. Nach Belieben mit geschmolzener Butter oder Schmand servieren.

TIPP

Die süßen Vareniki schmecken auch mit gesüßten Himbeeren, Blaubeeren oder Kirschen gefüllt. Ebenso kann man auch einfach Quark mit Vanillezucker verrühren und die Teigtaschen damit füllen. Ganz wie es dir schmeckt.

BLINTSCHIKI

Pfannkuchen

Als ich dieses Rezept auf Instagram gepostet habe, haben mir unglaublich viele Leute geschrieben, dass sie schon ewig nach dem Rezept ihrer Oma gesucht – und hier gefunden – haben. Sie hatten beim Essen Tränen in den Augen und haben sich wieder wie als Kind gefühlt.

Für 4 Personen

4 Eier (Größe M)
1 TL Salz
4 TL Zucker
500 ml Milch
250 g Mehl
1 Pck. Backpulver
1 Pck. Vanillezucker
3 EL Sonnenblumen- oder Rapsöl, plus mehr zum Braten
125 g Butter zum Bestreichen

TIPP
Lässt man den Zucker weg, hat man herzhafte Pfannkuchen, die man mit Käse oder Lachs servieren kann.

1. Die Eier, das Salz und den Zucker in eine Schüssel geben und gut verrühren. Die Milch hinzugeben und unterrühren. Das Mehl zusammen mit dem Backpulver und dem Vanillezucker in die Schüssel geben und zu einem glatten Teig verrühren.
2. Zuletzt das Öl mit in den Teig rühren, damit man weniger Fett für die Pfanne benötigt. Erst leicht und zum Schluss immer stärker rühren, bis der Teig eine glatte Masse ist. Jetzt möglichst 20 Minuten ruhen lassen, damit das Mehl etwas quellen kann.
3. In der Zwischenzeit die Butter in einem Topf langsam schmelzen. Eine Pfanne bei mittlerer Hitze vorheizen, auf ein Tuch einen kleinen Schluck Öl geben und die Pfanne damit einfetten. Je nach Größe der Pfanne eine kleine Kelle Teig hineingeben und die Pfanne so bewegen, dass der Boden komplett bedeckt ist. Wenn die Blintschiki goldbraun sind und der Teig fest geworden ist, wenden, fertig backen und herausnehmen.
4. Zum Schluss die Blintschiki mithilfe eines Pinsels mit der geschmolzenen Butter bestreichen, damit sie schön weich bleiben. Nach Belieben mit Marmelade, Schmand, Schoko-Nuss-Aufstrich oder Milchmädchencreme servieren und sofort genießen.

Arista

KREBBEL

Krapfen

Ich liebe diese Krebbel. Wenn keine Krebbel im Kühlschrank sind, ist es für mich auch kein Kühlschrank. Wir trinken am liebsten Milch oder Tee dazu.

Für 6–8 Personen

Für den Teig

300 g Kefir (3,5 % Fett, oder Naturjoghurt, 3,5 % Fett)
100 g Crème fraîche
200 g saure Sahne
2 Eier (Größe M)
½ TL Salz
2 EL Zucker
½ Pck. Vanillezucker
2 EL Sonnenblumenöl
700 g Mehl
1 Pck. Backpulver

Außerdem

750 ml Öl zum Ausbacken
Marmelade zum Servieren
Puderzucker zum Bestäuben (nach Belieben)

1. Als Erstes den Teig zubereiten: Dazu Kefir, Crème fraîche, saure Sahne, Eier, Salz, Zucker und Vanillezucker in eine große Schüssel geben und mit einem Schneebesen gut verrühren. Danach das Sonnenblumenöl hinzugeben und noch einmal verrühren. Nach und nach das Mehl und das Backpulver in die Schüssel sieben und unterheben. Zum Schluss die Masse mit den Händen zu einem Teig kneten. Falls der Teig noch zu klebrig ist, ein wenig Mehl hinzugeben. Aber nicht zu viel! Den Teig nun für etwa 20 Minuten abgedeckt ruhen lassen.
2. Den Teig auf der leicht bemehlten Arbeitsfläche zu einer großen Platte ausrollen und diese in 10 × 5 cm große Rechtecke schneiden. Jedes Rechteck einmal in der Mitte der Länge nach einschneiden und ein Ende durch den Schlitz ziehen.
3. Das Öl in einem großen Topf erhitzen. Die richtige Temperatur ist erreicht, wenn ein kleines Stück Teig beim Hineingeben sofort anfängt zu brutzeln. Die Krebbel portionsweise im siedenden Öl ausbacken, bis sie goldbraun sind. Herausnehmen und auf einem Küchenpapier abtropfen lassen.
4. Nach dem Abkühlen nach Belieben mit Marmelade servieren. Wer mag, bestäubt die Krebbel noch mit Puderzucker.

KASCHA

Grießbrei

Ein echtes Kinderessen – das hat Oma immer für uns gekocht, als wir klein waren. Schon mit sechs Monaten stand das auf unserer Speisekarte.

Für 6 Personen

1 ½ l Milch
1 EL Butter
1 TL Zucker
½ TL Salz
180 g Weichweizengrieß

1. Die Milch in einem Topf zum Kochen bringen. Gleichzeitig die Butter in einem weiteren kleinen Topf so lange erhitzen, bis sie sich goldbraun färbt. Wenn die Milch kocht, Zucker und Salz dazugeben.
2. Nun unter ständigen Rühren nach und nach den Grieß in die Milch geben. Die Temperatur etwas reduzieren und den Grieß weitere 10 Minuten langsam rühren, bis er eine angedickte Konsistenz bekommt. Den Grießbrei auf Teller verteilen, die geschmolzene Butter darübergeben und nach Belieben noch etwas Zucker oder Salz dazugeben.

NAPOLEON

Der berühmteste Kuchen von Tante Olga

Leider verwechselt meine ganze Familie (bis auf Olga) den Kuchen immer mit Medovik – und ist dann furchtbar enttäuscht, wenn im Café der »falsche« Kuchen gebracht wird. Deswegen essen wir Napoleon – für uns der »russische Bienenstich« – nur bei Tante Olga.

Für 1 Kuchen

Für den Blätterteig
750 g Mehl
400 g gefrorene Butter
½ TL Salz
180 ml Milch
100 g Crème fraîche (oder Schmand)
2 Eier (Größe M)

Für die Creme
600 ml Milch
2 Pck. Vanillezucker
300 g Zucker
3 Eier (Größe M)
80 g Speisestärke (Maisstärke)
150 g Butter
400 g Sahne

Außerdem
1 große runde Ausstechform, einen Topf oder den Ring einer Springform (ca. 26 cm Ø)
Back- oder Tortenring (ca. 26 cm Ø)

1. Das Mehl in eine Schüssel sieben. Die gefrorene Butter grob mit einer Reibe zum Mehl reiben. Damit die Butter gefroren bleibt, zwischendurch immer wieder mit der Fläche, die gerieben wird, ins Mehl tunken.
2. Das Mehl und die Butter zwischen den Händen zu Krümeln reiben. Dabei eine Mulde in der Mitte der Schüssel formen. Die restlichen Zutaten für den Teig in die Mulde geben und mit einer Gabel schnell verquirlen. Der Teig darf nicht geknetet werden, damit die Butter sich nicht mit dem Mehl vermischt. Der Teig ist noch eher stückig.
3. Die Teigmasse auf eine Arbeitsfläche geben und die Zutaten »aneinanderdrücken«, bis ein grobes Teigstück entsteht. Daraus eine 5 bis 6 cm dicke Rolle formen und in 9 bis 12 Teile schneiden. Diese Teile vorsichtig zu kleinen Kugeln formen. Diese dürfen leicht »rissig« und keine homogene Masse sein. Alle Kugeln auf einen Teller legen, mit Folie bedecken und 1 Stunde im Kühlschrank ruhen lassen.
4. In der Zwischenzeit mit der Creme beginnen. Die Milch zusammen mit dem Vanillezucker in einem Topf erhitzen. In einer separaten Schüssel den Zucker, die Eier und die Speisestärke mit einem Schneebesen glatt rühren. Eine Kelle sehr heiße Milch in die Schüssel geben und schnell und kräftig dem Schneebesen verrühren. Noch zweimal wiederholen.
5. Die Masse aus der Schüssel zur Milch in den Topf zurückgeben und unter ständigem Rühren zu einem Pudding

kochen. Den fertigen Pudding in eine Schüssel füllen. Die Butter klein schneiden und in den heißen Pudding rühren. Den Pudding direkt auf der Oberfläche mit Frischhaltefolie bedecken, so kann sich dort keine Haut bilden. Den Pudding etwas abkühlen lassen und dann mindestens 2 Stunden kühl stellen. Man kann den Pudding auch wunderbar am Vortag vorbereiten.

6. Den Backofen auf 220 °C (Umluft 200 °C) vorheizen. Die Teigplatten zubereiten: Dazu die Teigkugeln nacheinander etwa 3 mm dünn auf einem mit Mehl bestäubten Backpapier ausrollen und mit einer runden Form ausstechen. Die Teigreste, die beim Ausstechen entstehen, einfach auf dem Backpapier liegen lassen und mitbacken. Den Teigkreis mit einer Gabel gleichmäßig einstechen, damit der Blätterteig später recht gleichmäßig aufgeht.

7. Die 9 bis 12 Teigkreise mit dem Backpapier jeweils einzeln auf ein Backblech geben, im Ofen jeweils etwa 10 Minuten auf der zweiten Schiene von unten backen, bis sie goldbraun sind. Die Platten auf ein Kuchengitter stürzen, das Backpapier abziehen und die Platten abkühlen lassen, so bleiben sie schön knusprig. Die mitgebackenen Teigreste in einer Schüssel sammeln und beiseitestellen.

8. Als Nächstes die Creme fertig stellen. Dafür die Sahne etwa 5 Minuten auf höchster Stufe steif schlagen. Den abgekühlten Pudding mit den Schneebesen des Handrührgeräts kurz auflockern, in drei Portionen zur Sahne geben und mit den Schneebesen des Handrührgeräts auf der niedrigsten Stufe einrühren.

9. Zum Schichten am besten einen Back- oder Tortenring verwenden, da die Creme recht flüssig ist. Zuerst eine Teigplatte auf den Boden der Form geben und mit einer dicken Schicht Creme bestreichen. Eine weitere Teigplatte daraufsetzen und wieder mit Creme bestreichen. So weiter verfahren, bis alle Teigplatten verarbeitet sind. Den Kuchen samt Ringform für 30 Minuten in den Kühlschrank stellen.

10. Vor dem Servieren die Form lösen und die restliche Creme um und auf den Kuchen streichen. Teigreste zerkrümeln und als Dekoration auf den Kuchen bröseln und am Rand verteilen.

TRUBOTSCHKI

Gefüllte Waffeln

Meine Großeltern fahren regelmäßig in ungarische Heilbäder und essen da gerne Trubotschki. Dies ist die – selbstverständlich verbesserte – Variante von Tante Olga.

Für 24 Stück

Für die Hörnchen
2 Pck. Blätterteig (TK)
1 Eigelb
2 EL Milch

Für die Creme
350 g Zucker
3 frische Eiweiß

Zum Dekorieren
100 g Mandelblättchen
Puderzucker zum Bestäuben

Außerdem
24 Schillerlockenformen (siehe Tipp)
Spritzbeutel (oder an der Ecke aufgeschnittener Gefrierbeutel)

1. Den Blätterteig etwa 10 Minuten auftauen lassen. Die zwei Teigplatten zu einer langen verbinden: Dazu an der kürzeren Seite 1 bis 2 cm überlappend aufeinanderlegen und mit einem Nudelholz etwas dünner rollen. Der Länge nach (mit einem Pizzaroller) in 24 Streifen schneiden.
2. Die Trubotschki formen: Dazu den ersten Teigstreifen beginnend am oberen (breiten) Rand auf eine Schillerlockenform aufrollen. Der Teig darf sich dabei etwas überlappen. Am Ende etwas zusammendrücken. Den restlichen Teigstreifen abschneiden und die nächste Form umwickeln. So fortfahren bis alle Teigstreifen verbraucht sind.
3. Die Hörnchen mit Abstand auf ein mit Backpapier belegtes Blech legen. Den Backofen auf 200 °C (Umluft 180 °C) vorheizen.
4. Das Eigelb mit der Milch verquirlen und die Blätterteighörnchen mit einem Backpinsel damit bestreichen. Etwa 15 bis 25 Minuten backen, bis sie gleichmäßig goldbraun sind. Aus dem Ofen nehmen, abkühlen lassen und die Form auslösen.
5. Die Mandelblättchen in einer Pfanne ohne Fett leicht anrösten und in einer Schüssel beiseitestellen. Den Zucker für die Creme in eine Kasserolle geben und so viel Wasser dazugeben, dass der Zucker feucht ist, aber nicht schwimmt! (Je mehr Wasser, desto länger dauert dann der Kochprozess). Vorsichtig aufkochen und bei mittlerer Stufe kochen, bis der Zucker zu einem zähflüssigen Sirup wird.

6. In der Zwischenzeit die Eiweiße in einer sehr sauberen Schüssel (sonst wird das Eiweiß nicht steif) mit den Schneebesen eines Handrührgeräts auf höchster Stufe zu einem festen Eischnee aufschlagen. Den kochenden Sirup in einem dünnen Strahl in den Eischnee gießen und mindestens weitere 3 bis 4 Minuten steif schlagen. Die Masse in einen Spritzbeutel geben und in die fertigen Hörnchen spritzen. Die Seite mit der Creme in die Schüssel mit den Mandelblättchen tunken, sodass sie eine Haube bilden. Vor dem Servieren die Hörnchen mit Puderzucker bestäuben.

TIPP

Wer keine Schillerlockenform hat, kann sich eine aus Alufolie basteln. Dazu etwas Alufolie zu einer 7 bis 10 cm langen Eiswaffel formen.

MAKÓWKI

Schlesisches Mohndessert

Ein schlesisches Rezept von meinem Papa, der das supergerne zu Weihnachten isst. Auch hier lässt sich trefflich über den Geschmack und die Zutaten streiten: Kommen nun Rosinen hinein oder nicht?

Für 6–8 Personen

100 ml Rum
80 g Rosinen
1 l Milch
20 g Butter
500 g fein gemahlener Mohn
160 g Honig
4 cl Amaretto
1 TL Zimt
50 g gemahlene Walnüsse
50 g gemahlene Mandeln
400 g Milchbrötchen

Zum Dekorieren
2 EL Kokosflocken
50 g Mandelblättchen

1. Zwei Tage vorher den Rum aufkochen und in einer Schale über die Rosinen geben. 24 Stunden oder über Nacht einweichen lassen.
2. Am Vortag die Milch in einem Topf aufkochen und die Butter dazugeben. Unter ständigem Rühren den Mohn hineinstreuen. Honig, Amaretto, Zimt, Rosinen, Walnüsse und Mandeln dazugegeben und etwa 15 Minuten köcheln lassen, dabei immer wieder umrühren. Die Masse sollte langsam etwas andicken, bis sie eine puddingartige Konsistenz hat.
3. Die Brötchen klein zupfen. In eine Servierschale abwechselnd die warme Mohnmasse und die Brötchenstücke schichten. Mit der Mohnmasse abschließen. Mit Kokosflocken bestreuen und zum Schluss die Mandelblättchen dekorativ darauf verteilen. Im Kühlschrank über Nacht abgedeckt ziehen lassen.

OMAS TIPP

Dieses Dessert kann man auch mit normalen Brötchen oder Baguette machen, sollte dann aber Zucker hinzugeben und mehr Milch, sodass die Mohnmasse dünnflüssiger ist. Dann weichen die Brötchen gut auf.

SYRNIKI

Russische Quarkpfannkuchen

Wir lieben die Syrniki zum Frühstück – am besten mit Marmelade oder Obst!

Für 8–12 Stück

2 Eier (Größe M)
4 EL Mehl, plus mehr zum Formen der Fladen
400 g russischer Quark (*Tworog*, siehe Tipp, alternativ Quark, 40 % Fett)
2 EL Zucker
1 Msp. Salz
1 Pck. Vanillezucker
200 ml Öl zum Ausbacken

1. Die Eier in einer Schüssel verquirlen. Das Mehl in die Schüssel sieben. Den Quark durch ein Sieb in die gleiche Schüssel drücken. Die restlichen Zutaten (bis auf das Öl) in die Schüssel geben und alles zu einem gleichmäßigen Teig verkneten. Den Teig 15 Minuten im Kühlschrank ruhen lassen, damit er etwas fester wird.
2. Einen kleinen Haufen Mehl auf die Arbeitsfläche geben. Eine handgroße Kugel Teig hineinlegen und mit kreisenden Bewegungen (am besten mit Handschuhen, damit nichts kleben bleibt) eine Kugel formen. Vorsichtig zu einem etwa daumenhohen Fladen platt drücken.
3. Das Öl in eine Pfanne geben und erhitzen. Die richtige Temperatur ist erreicht, wenn am Stiel eines hineingesteckten Holzlöffels Bläschen aufsteigen. Die Fladen portionsweise mit Deckel backen. Wenn die Unterseite leicht braun wird, wenden und den Fladen von der anderen Seite ausbacken. Herausnehmen und auf einem Küchenpapier abtropfen lassen.

TIPP

Russischer Quark (*Tworog*) ist trockener als normaler Quark und nicht so sauer. Wer normalen Quark verwendet, sollte den vorher gut durch ein Tuch auspressen, damit der Teig nicht zu flüssig wird.

MEDOVIK

Honigtorte

Tante Olga gibt dieses Rezept nicht gerne weiter, weil jeder immer etwas an diesem Rezept verändert und sich dann beschwert, dass es nicht klappt oder anders schmeckt. Also wirklich genau so nachmachen, wie Tante Olga es aufgeschrieben hat – dann wird es der beste Kuchen, den es gibt. Einen besseren Medovik werdet ihr nirgendwo finden.

Für 1 Kuchen

Für den Teig

75 g Butter
350 g Zucker
90 g Honig (Waldhonig oder einen anderen intensiv schmeckenden Honig)
700 g Mehl, plus mehr zum Arbeiten
3 Eier (Größe M)
1 TL Natron

Für die Creme

2 Dosen gezuckerte Kondensmilch (zum Beispiel Milchmädchen, ca. 397 g)
500 g zimmerwarme Butter

Außerdem

1 große runde Ausstechform, einen Topf oder den Ring einer Springform (ca. 26 cm Ø)

1. Für den Teig die Butter, den Zucker und den Honig in einem größeren Topf (in diesem Topf wird später auch der Teig gemischt) auf dem Herd kurz erwärmen, aber nicht kochen, bis der Zucker sich auflöst und eine homogene Masse entsteht. Die Masse max. 5 Minuten leicht abkühlen lassen, sie darf nicht wieder kalt werden. Etwa 175 g Mehl zur Masse sieben und mit einem Holz- oder Metalllöffel kräftig (beständig) verrühren.

2. Die Eier in einer Schüssel kurz schaumig aufschlagen und ebenfalls gut in den Teig einrühren. Das Natron hinzugeben und gut unterrühren. Das restliche Mehl dritteln, jedes Drittel einzeln zum Teig sieben und beständig verrühren. Mit jeder Portion wird die Masse zähflüssiger. Davon nicht beirren lassen und kräftig mit dem Holzlöffel weiterrühren.

3. Die Honig-Teig-Masse in einen Gefrierbeutel geben, gut verschließen und im Beutel flach drücken. Mindestens 2 Stunden, am besten über Nacht, im Kühlschrank ruhen lassen. (Dann lässt sich der Teig besser weiterverarbeiten und benötigt weniger Mehl zum Arbeiten.)

4. Die Creme vorbereiten: Dazu die geschlossenen Dosen gezuckerte Kondensmilch in einen großen Topf legen und komplett mit Wasser bedecken. Das Wasser nun zum Köcheln bringen und 2 Stunden leicht köcheln lassen. Auf Zimmertemperatur abkühlen lassen, das kann auch über Nacht passieren.

Ich tanze mit Dir in den Himmel hinein

5. Den Backofen auf 180 °C (Umluft 160 °C) vorheizen. Den Teig aus dem Gefrierbeutel holen, auf eine bemehlte Arbeitsfläche geben und je nach Größe der Form zum Ausstechen in 9 bis12 Teile aufteilen. Jedes einzelne Teigstück auf einem mit Mehl bestäubten Backpapier etwa 3 mm dünn ausrollen und mit der runden Form ausstechen. Den Teig mit einer Gabel mehrfach leicht einstechen, damit beim Backen keine Blasen entstehen. Die Teigreste zusammenkneten und ebenfalls zu einer Platte ausrollen, um diese später als Krümeldeko zu verwenden.
6. Die neun Backpapiere mit je einem Teigkreis jeweils auf das Backblech schieben und im Ofen 6 bis 8 Minuten nacheinander honigbraun backen. Auf ein Kuchengitter stürzen, das Backpapier abziehen und die Platten auskühlen lassen. Die »Resteplatte« ebenfalls backen und abkühlen lassen.
7. Für die Creme die Butter in einer Rührschüssel mit den Schneebesen des Handrührgeräts 2 bis 3 Minuten aufschlagen, bis die Butter heller wird. Nach und nach die gekochte, abgekühlte Kondensmilch mit den Schneebesen des Handrührgeräts in die Butter einrühren.
8. Zum Schichten des Kuchens jeweils eine Teigplatte löffelweise mit der Creme bestreichen und eine weitere Teigplatte daraufsetzen, bis alle Teigplatten (bis auf die »Resteplatte«) verbraucht sind. Die restliche Creme um den gesamten Kuchen streichen. Die Resteplatte zu Krümeln verarbeiten und als Dekoration auf dem Kuchen und am Rand verteilen.

OMAS TIPP

Den Kuchen kann man gut vorbereiten und einfrieren. Die einzelnen Bestandteile muss man nicht alle am gleichen Tag machen, sondern kann schrittweise arbeiten. Der Kuchen kann jede beliebige Form bekommen: Man braucht dafür einfach nur eine passende Schablone oder Form, um den Teig auszustechen.

OMA
×

Der Umzug nach Deutschland

1988 begann für Oma und Opa ein neuer Lebensabschnitt: Mit ihren drei Töchtern und der Mutter ging es für sie nach Deutschland, und mit dieser Reise kamen auch viele neue Eindrücke. Oma und ihre älteste Tochter Ludmila, damals 16 Jahre alt, erinnern sich noch sehr genau an ihren ersten Besuch in einem Tante-Emma-Laden. Mit großen Augen und voller Staunen betraten sie den kleinen Laden, der ihnen wie ein Paradies vorkam mit seinen prall gefüllten Regalen. Ludmila fühlte sich wie in einem Museum, umgeben von einer überwältigenden Vielfalt an Lebensmitteln und den bunten Gläsern mit Süßigkeiten. Oma hielt die Hand ihrer jüngsten Tochter Irene, damals sieben Jahre alt, ganz fest umklammert und flüsterte ihr zu: »Fass ja nix an, fass ja nix an!« Die neue Umgebung war spannend, aber auch fremd.

Beim Spaziergang durch das kleine Dorf staunte die Familie ebenfalls nicht schlecht. Die Gärten wirkten wie aus einem Märchenbuch: gepflegt und zauberhaft. Bei ihnen zu Hause nutzte man jeden Quadratzentimeter, um Obst, Gemüse und Kräuter anzubauen. Doch hier? Hier standen unzählige Gartenzwerge einfach zur Dekoration herum und verliehen den Gärten eine beinahe magische Atmosphäre.

Ähnlich erging es ihnen auf der Zugfahrt zur nächsten Station nach Rastatt. Aus dem Zugfenster heraus konnte Ludmila die Freibäder vorbeiziehen sehen. Unglaublich, dass es hier so viele Freibäder gab, und dazu noch mit solch blauem Wasser. Zu Hause in Russland besaßen sie zwar auch ein gemauertes Schwimmbad im Garten, aber dieses war zu einem Schweinestall umfunktioniert worden.

Das Kochen in der neuen Heimat brachte jedoch auch neue Herausforderungen mit sich. Die Lebensmittel waren zwar die gleichen, aber doch ganz anders. Man konnte alles kaufen, doch da die Zutaten nicht mehr aus dem eigenen Garten kamen, hatten sie nicht mehr ihren vertrauten Geschmack. Sie waren etwas fader und damit schmeckten nun auch die fertigen Gerichte anders. Es fühlte sich für Oma so an, als müsse sie das Kochen völlig neu erlernen. Ihr altbewährtes Rezept für Kraut schien nicht mehr zu funktionieren und die erste Krautsuppe war eine riesige Enttäuschung.

Hausbau

Sozialer Aspekt des Essens

In Osteuropa hat das Essen einen enormen sozialen Stellenwert. Essen bringt die (Groß-)Familie zusammen. Onkel und Tante, Oma und Opa waren hier nicht »weit entfernte Verwandte«, die man nur zu besonderen Anlässen einlud. Bei uns wohnten alle quasi »um die Ecke« und man traf sich täglich beim Mittagessen. Der Vorteil dieses größeren Zusammensitzens war es dann unter anderem, dass man immer ausreichend Helfer an der Hand hatte, wenn ein Umzug anstand oder ein Baum gefällt werden musste. Natürlich wurde hier dann auch gemeinsam gegessen.

Das war auch damals in Russland so. Hier konnte man nicht eben mal einen Handwerker bestellen. Das heißt, alle Fähigkeiten und Talente, die man brauchte, mussten in der Familie vorhanden sein. Wenn man ein Haus gebaut hat, war klar, dass alle mit anpacken würden.

Diesen Zusammenhalt und die gegenseitige Hilfe haben alle in der Familie von klein auf gelernt – auch nach der Auswanderung nach Deutschland war das superwichtig. Denn gerade hier, in einem neuen Land, in dem man noch nicht viele Menschen kannte, war es schön, sich auf die eigene Familie verlassen zu können.

DANKSAGUNG

Omas Küche ist ein Fest der Vielfalt und des Wohlgeschmacks, eine Sinfonie der Aromen, die jeden Gaumen erfreut. Ihre Gerichte sind nicht nur Nahrung, sondern auch ein Ausdruck von Liebe und Fürsorge, eine Einladung, das Leben in all seiner Fülle und seinen Facetten zu genießen.

Ich möchte hier auch einmal einen ganz lieben Dank aussprechen an alle, die dieses Buch überhaupt möglich gemacht haben. Da steht zu allererst ihr selbst. All eure Nachrichten, eure Kommentare und eure Liebe, die ihr uns immer schickt, wenn ich unser Essen, das Kochen mit Oma oder etwas über meine Familie hochlade. Nur ihr seid der Grund, dass dieses Buch, das ihr jetzt in den Händen haltet, existiert.

Der größte Dank geht hier aber natürlich an meine Oma Amalia. Eine der wichtigsten Frauen in meinem Leben und für mich ein wahres Vorbild darin, was es bedeutet, mit Herz und Seele für das Wohl der eigenen Familie zu sorgen. Ich kann mich an keinen Moment erinnern, in dem ich je an deinem Rückhalt und deiner Fürsorge zweifeln hätte müssen. Du bist das Herz dieser Familie und dein Essen der Kleber, der uns durch dick und dünn zusammenhält. Ich liebe dich sehr und bin unendlich froh, dass auch meine Tochter in den Genuss kommt, dich als (Ur-)Oma in ihrem Leben zu haben.

An Kati, ohne die dieses Buch niemals entstanden wäre. Ich möchte dir von Herzen danken für die viele Zeit, die du investiert hast, um alle Rezepte von Oma mit ihren Schlucken, Prisen, Handvoll und »nach Gefühl«-Portionen in echte Maßangaben umzuwandeln, und das sogar manchmal bei Rezepten, von denen du noch nie etwas gehört hast. Ich möchte dir besonders aber danken für das große Interesse an der Kultur und den Rezepten meiner Familie, es bedeutet mir die Welt, sie zu erhalten und weiterzutragen, auch in unsere Familie.

Danke hier auch an meine Mutter Ludmila, du warst zur Stelle, egal wann wir dich gebraucht haben. Helena und Opa Victor, danke für die Unterstützung und das Babysitten beim Videodreh und auch fürs geduldige Warten, jedes Mal, wenn das Essen schon fertig war, aber das letzte Foto noch nicht.

Tante Irene, auch wenn dein meiner Meinung nach bestes Essen, dein Kartoffelgratin, leider nicht als Rezept vorkommt, möchte ich dir für dein Pilzrezept danken. In eurem Haus kann man sich immer freuen, wenn man zum Essen vorbeikommt, und du warst vor allem diejenige, die mir als Kind die Smetchup-Kombination (Smetana + Ketchup) zu Pelmeni gezeigt hat, die, um es gelinde auszudrücken, mein ganzes Leben verändert hat.

Ein großer Dank geht hier auch an meine Tante Olga, die besonders mit ihrem Rezept zu Medovik das für mich wichtigste Rezept beigesteuert hat. Kein Kuchen ist so legendär in unserer Familie wie dieser und er darf bei keiner einzigen Feier fehlen. Die Hälfte aller Gäste bei Hochzeiten und Geburtstagen sagt wahrscheinlich nur zu aus Hoffnung, Tante Olgas Medovik dort vorzufinden. Dieses Rezept ist ausgefeilt und perfektioniert und mein absolutes Juwel in diesem Buch. Danke dir, dass wir es haben durften.

Und ganz zum Schluss geht für alle schlesisch/polnischen Rezepte ein besonderes Danke an meine Oma Irene Malek. Leider wirst du dieses Buch nicht mehr in den Händen halten können, aber ich bin unendlich froh, dass wir deine Rezepte hier mit drin haben dürfen. Du warst für mich als Kind der Grund, warum der zweite Weihnachtsfeiertag immer ein Highlight war: weil ich wusste, dass dort immer deine perfekten Klöße auf uns warten. Ganz viel Liebe und ruhe in Frieden, liebe Oma.

Ich spreche hier im Namen meiner Oma und mir, wenn ich sage, es bedeutet uns die Welt, dass ihr auf unsere Rezepte und Videos immer so positiv reagiert, und ich bin schon sehr gespannt auf all eure nachgekochten Gerichte und euer Feedback zu diesem sehr persönlichen Kochbuch.

Ganz viel Ostblock-Liebe, euer

Richard

REGISTER

BILDNACHWEIS:

André Bugl: Cover, S. 9, 10, 11, 13, 14, 40, 57, 58, 72, 92, 94, 102, 114, 115, 116, 118, 129, 130, 153, 157
Susi Franc: Buchrückseite, S. 17, 19, 21, 23, 25, 27, 29, 31, 33, 35, 37, 43, 45, 47, 49, 51, 53, 61, 63, 67, 69, 71, 75, 77, 79, 81, 85, 87, 89, 91, 97, 99, 103, 105, 109, 111, 113, 120, 123, 125, 127, 133, 135, 137, 139, 141, 145, 147, 149, 151
Viktor Weibert: S. 38, 39, 55, 154

Bibliografische Information der Deutschen Nationalbibliothek
Die Deutsche Nationalbibliothek verzeichnet diese Publikation in der Deutschen Nationalbibliografie. Detaillierte bibliografische Daten sind im Internet über https://d-nb.de abrufbar.

Für Fragen und Anregungen
info@m-vg.de

Wichtiger Hinweis
Ausschließlich zum Zweck der besseren Lesbarkeit wurde auf eine genderspezifische Schreibweise sowie eine Mehrfachbezeichnung verzichtet. Alle personenbezogenen Bezeichnungen sind somit geschlechtsneutral zu verstehen.

Originalausgabe
2. Auflage 2024

Türkenstraße 89
80799 München
Tel.: 089 651285-0

Redaktion: Sarah Holzwarth
Umschlaggestaltung: Pamela Machleidt
Layout: Pamela Machleidt
Satz: inpunkt[w]o, Wilnsdorf (www.inpunktwo.de)
Druck: Firmengruppe APPL, aprinta Druck, Wemding
Printed in Germany

ISBN Print 978-3-7423-2731-4
ISBN E-Book (PDF) 978-3-7453-2495-2
ISBN E-Book (EPUB, Mobi) 978-3-7453-2496-9